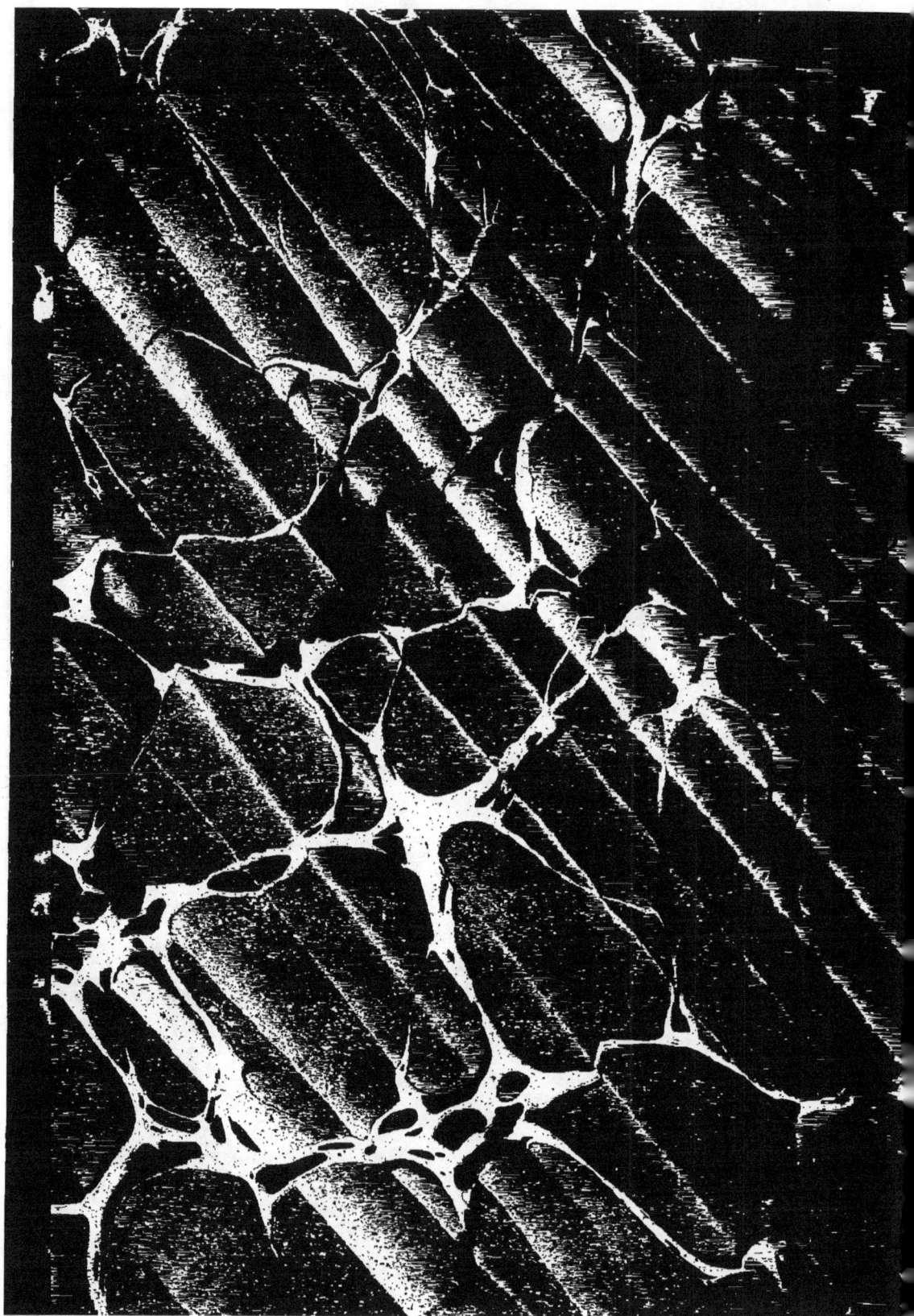

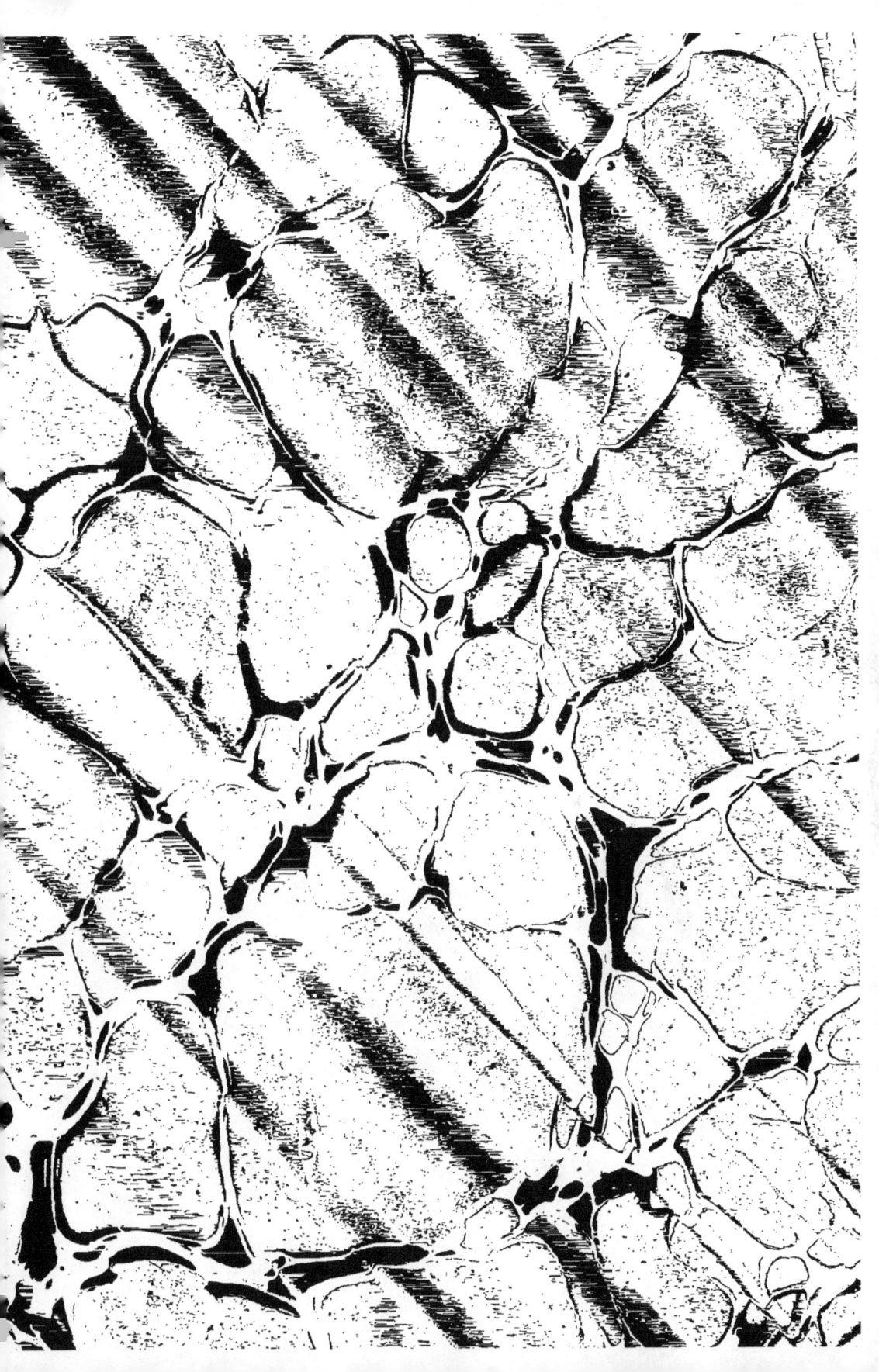

T

Ⓒ.

INSTRUCT.

sur

l'enregistrem.

domaines, etc.

3e. année.

N°. 91 à 108.

INSTRUCTIONS

SUR

L'ENREGISTREMENT,

DROITS Y RÉUNIS,

ET

DOMAINES NATIONAUX,

Rédigées par une Société d'Employés de la Régie de l'Enregistrement et du Domaine National.

———————————————

TROISIÈME ANNÉE,

SECONDE PARTIE.

———————————————

———

SE TROUVE A PARIS,

Au Bureau des Rédacteurs, rue Projettée-Choiseul, numéro premier.

———————————

AN IX.

Tous les Exemplaires de cette Collection seront contresignés par l'un des Rédacteurs et empreints du cachet de société.

POUR LA SOCIÉTÉ,

INSTRUCTIONS

SUR

L'ENREGISTREMENT,

DROITS Y RÉUNIS,

ET

DOMAINES NATIONAUX.

ART. 792.

ENREGISTREMENT.

ACTES JUDICIAIRES.

Comment doit-on liquider le droit d'enregistrement d'un jugement qui condamne un tiers détenteur à payer une créance hypothécaire, si mieux il n'aime déguerpir l'héritage qu'il a acquis ?

Voici l'espèce telle qu'elle nous a été proposée.

Jugement qui déclare des immeubles acquis
par un tiers (qui n'a pas fait transcrire son
contrat) affectés et hypothéqués à des créances
montant à 12,000 francs, en conséquence condamne à payer l'intégralité desdites créances,
si mieux n'aime l'acquéreur déguerpir et aban-
donner les immeubles.

Nota. Les immeubles ne valent pas 600 fr.

De quel droit est passible un tel jugement?

De quel droit sera passible le déguerpissement qui aura infailliblement lieu?

Ne serait-il pas bien rigoureux de percevoir
le droit de 5o centimes par 100 francs, sur la
première disposition?

Opinion des Rédacteurs.

Le jugement dont il s'agit ne porte pas
plutôt une condamnation de 12,000 francs,
qu'il ne prononce le déguerpissement des héritages. L'une et l'autre disposition est subor-
donnée à l'option de l'acquéreur qui doit
déterminer laquelle des deux aura son exécution. Puisque l'effet du jugement dépend de
cette option, la perception ne peut qu'être
provisoire; elle doit être établie à raison de 5o
centimes par 100 francs.

Si l'acquéreur ne déguerpit pas, la perception, quelque soient les circonstances, est

irrévocablement et régulièrement faite sur le jugement.

Au contraire, si le déguerpissement a lieu, l'acte qui l'opère n'est que le complément, la consommation ou l'exécution du jugement, il s'identifie avec lui pour ne former qu'un seul et même tout, une seule mutation ; la condamnation s'évanouit et il ne reste plus qu'un déguerpissement produit par deux actes, dont l'un doit être enregistré au droit fixe, et l'autre est sujet au droit de 4 pour 100 sur la valeur vénale de l'immeuble abandonné. Dans le cas où le droit perçu sur le jugement se trouverait être plus considérable, l'excédant devrait être restitué.

A R T. 793.

A C T E S   J U D I C I A I R E S.

Un jugement portant reconnaissance de signature au bas d'une promesse de payer qui a été enregistrée, et condamnation à en payer le montant, opère-t-il deux droits, l'un de 3 francs fixe sur la reconnaissance d'écriture, l'autre proportionnel sur la condamnation ?

La reconnaissance d'écriture peut avoir lieu sans que le même jugement prononce la condamnation. Il n'en faut pas néanmoins conclure que quand un jugement renferme ces deux dispositions elles soient indépendantes; elles sont, au contraire ; tellement identifiées, que la dernière ne peut exister sans le concours de la première. Comme elles dérivent nécessairement l'une de l'autre, il ne doit être perçu qu'un seul droit, celui de 50 centimes par 100 fr. sur la condamnation.

ART. 794.

CODICILE.

Quelle est la quotité des droits d'enregis- ment qu'opèrent les legs de sommes contenus dans les codiciles ?

Nous avons établi dans notre Dictionnaire de l'enregistrement, page 127, que dans le cas où un codicile ou autre acte à cause de mort, contient des legs de sommes à payer par les héritiers naturels ou institués, il est dû, sur le montant de chaque legs, le droit proportionnel d'un franc 25 centimes, ou deux francs 50 centimes par cent francs, d'après la fixation portée aux paragr. 4 et 6 de l'art. 69 de la loi du 22 frimaire an 7.

C'est une inadvertance de rédaction que nous nous empressons de rectifier. Ces sortes de legs sont passibles des droits ci-après : en ligne directe , 25 centimes par 100 francs, article 69, paragr. premier , n°. 3 ; en collatérale , un franc 25 par 100 francs , paragr. 4 , n°. 2 , et il n'est dû que la moitié de ce droit pour les legs faits entre époux. Cette erreur a été rectifiée à l'article succession.

A noter en marge de notre Dictionnaire , page 127.

ART. 795.

CESSION.

Cession de labours , semences et amendemens par un fermier à son successeur , comment en liquider les droits ?

On a prétendu que les labours , semences et amendemens , ne devaient être considérés que comme des valeurs mobilières et fictives , parce qu'au tems de la cession , ces objets n'existaient que dans l'espoir d'une récolte, mais n'avaient rien de réel.

Nous pensons que les labours , semences et amendemens cédés par un fermier , moyennant une somme déterminée , qui représente la récolte qui doit être recueillie par le fermier entrant , doivent être considérés comme une valeur mobilière réelle , et que le droit d'en-

registrement est dû sur le prix de la cession,
à raison de 2 pour 100.

ART. 796.

DÉLAI. DÉCLARATION DE COMMAND.

*Un acte de déclaration de command est
passé le nonidi soir, de manière qu'il ne
peut être notifié au receveur, ou enregistré par lui que dans la journée du
primidi suivant. On demande si la formalité peut être donnée pour le droit
fixe ?*

RÉPONSE.

Le décadi est un jour consacré au repos par
la loi. Ce jour, relativement à l'enregistrement
des actes ou des déclarations de successions,
n'est pas compté, s'il se trouve le dernier du
délai. Or, si à cet égard la loi n'a pas exigé
une chose impossible, il n'est pas douteux
qu'elle n'a pu le vouloir dans un cas qui n'est
pas différent. Il serait contraire à la raison
d'appliquer deux idées diverses, à deux choses
qui sont les mêmes. D'après cette explication,
nous pensons que la déclaration dont il s'agit
doit être enregistrée pour un franc.

ART. 797.

DROITS DE SUCCESSIONS.

Une veuve, en vertu de son contrat de ma-
riage et d'un testament de son mari, a
droit à plusieurs avantages. Elle traite
avec les héritiers de ce dernier, et par le
résultat du traité, elle ne conserve qu'une
partie desdits avantages. Est-elle tenue de
déclarer la totalité et de payer le droit
proportionnel ?

Pour prétendre que le droit n'est exigible
que sur les avantages conservés, on observe
que le traité passé entre la veuve et les héritiers du défunt, n'est autre chose qu'une répudiation, qu'on ne doit point s'attacher aux
expressions des actes, mais à leurs effets.

Nous ne partageons pas cette opinion : les
héritiers du défunt, en traitant avec la veuve
sur les avantages auxquels elle a droit en vertu
de son contrat de mariage ou du testament de
son mari, ont reconnu les droits de ce dernier. Quoique par le fait, la veuve n'ait con-
servé qu'une partie des donations ou réserves
faites en sa faveur, il n'est pas exact de soutenir que cet acte produise le même effet d'une
répudiation. La répudiation pure et simple a

la faculté de faire passer *directement aux héri-tiers* les objets répudiés , tandis qu'en traitant avec la veuve, ils ne les obtiennent que par l'effet d'un abandon volontaire ; la veuve a donc recueilli , et elle doit passer déclaration de tous les avantages dont elle avait la faculté de jouir.

ART. 798.

ARRÊTÉ DE PRÉFECTURE.

Un arrêté de préfecture ordonne qu'il sera payé à des créanciers , sur des biens nationaux , une provision déter-minée selon l'importance de la créance. Cet arrêté est-il sujet à l'enregistrement, et à quelle quotité de droit ?

Cet arrêté renferme , dit-on , collocation en faveur de créanciers ; leurs titres respectifs ont été débattus, fixés et reconnus , comme l'aurait fait un tribunal; c'est un acte authen-tique et exécutoire, il est applicable à l'ar-ticle 69, paragr. 2 , nombre 9 de la loi du 22 frimaire an 7 , et l'expédition donne par con-séquent ouverture au droit proportionnel de 50 centimes par 100 francs.

Il y a , en effet , collocation du moins pro-visoire en faveur des créanciers. Mais suivant

le nombre 2 du paragr. 3 de l'article 70 de la
loi du 22 frimaire an 7 , il n'y a d'actes administratifs sujets à l'enregistrement, que ceux
dénommés dans les dispositions de cette loi.
Or le paragraphe rappellé de l'article 69 ne
comprend que les expéditions *des jugemens des
juges de paix et des tribunaux* , et non des
arrêtés de préfet et autres actes administratifs.
Celui dont il s'agit se trouve donc exempt de
l'enregistrement par sa nature , comme n'y étant
assujetti par aucune disposition de la loi ; on
peut même s'en servir en justice ou devant
notaire sans le faire revêtir de la formalité , la
règle établie pour les sous seing-privés n'étant
pas applicable aux actes des administrations publiques.

A R T. 799.

ACTES SOUS SIGNATURES - PRIVÉES.

*Le dépôt fait chez un notaire d'un acte sous seing-
privé contenant mutation d'immeuble , dans
l'intervalle du délai fixé pour l'enregistrement ,
n'est pas suffisant pour faire éviter la peine d'un
plus fort droit, lorsque l'acte est présenté à
l'enregistrement après le délai.*

JUGEMENT DE CASSATION,

Du 4 *germinal an* 9 , *rendu sur le rapport du citoyen Liborel* ;

Contre le citoyen Lajugie.

Par acte sous seing-privé , du 5 frimaire an 7, le citoyen Castelnau , vendit au citoyen Lajugie une métairie et dépendances , pour la somme de 60,000 francs.

Le 4 ventose suivant , l'acte fut déposé chez le cit. Tessier, notaire à Saint-Barthelemi, *avant d'avoir été enregistré.*

Le 19 du même mois , la minute de l'acte de dépôt et l'acte de vente annexé , furent présentés conjointement au bureau de Miramont.

Le receveur perçut , 1°. un franc de droit fixe pour l'acte de dépôt, 2°. 2,400 francs pour la vente , 3°. 50 fr. pour l'amende encourue par le notaire aux termes de l'article 42 de la loi du 22 frimaire an 7 , à raison de ce qu'il avait reçu en dépôt un acte sous seing-privé *non-enregistré.*

L'inspecteur de la régie ayant remarqué que l'acte sous seing-privé avait été enregistré 14 *jours après le délai de trois mois* , fixé par l'article 30 de la loi du 9 vendémiaire an 6 , à peine du triple droit, proposa d'appliquer cette peine au citoyen Lajugie, et en conséquence, il fut décerné contre lui, le 24 prairial an 7 , une contrainte en paiement de la somme de 4,800 francs.

Le citoyen Lajugie forma opposition , et soumit sa réclamation au tribunal civil de Lot et Garonne , qui l'accueillit par jugement du premier brumaire an 8 , en le déchargeant du triple droit demandé , sur le fondement *qu'à l'époque du dépôt de l'acte sous seing-privé*, les trois mois de sa date n'étaient point expirés, et que s'il y avait une peine encourue, elle devait être supportée par le notaire, qui, ayant payé l'amende de 50 francs, avait rempli le vœu de la loi.

Le tribunal de Lot et Garonne s'appuya en outre sur les motifs de considération et de faveur qui résultaient suivant lui, de la bonne foi apparente du réclamant.

L'administration des domaines, en se pourvoyant au tribunal de cassation, représenta que le jugement dénoncé renfermait une contravention directe à l'article 30 de la loi du 9 vendémiaire an 6, qui devait être exécutée suivant l'article 73 de la loi du 22 frimaire an 7, et qui est ainsi conçu :

« Tout acte sous seing-privé translatif de propriété
» ou d'usufruit d'immeubles réels ou fictifs, sera sou-
» mis à la formalité de l'enregistrement *dans les trois*
» *mois du jour de sa date*, et avant qu'il puisse en
» être fait usage en justice, ou devant quelque autre
» autorité constituée, *ou devant notaire*, à peine du
» triple droit. »

Cet article devait être appliqué au citoyen Lajugie, sous un double rapport : 1°. *pour avoir fait le dépôt d'un acte sous seing-privé non-enregistré.*

2°. Et indépendamment de cette considération, pour avoir présenté l'acte au bureau de l'enregistrement, *quatorze jours après le delai de trois mois.*

Le dépôt fait par le citoyen Lajugie, le 4 ventose, dans l'intervalle du délai de trois mois, ne pouvait lui servir pour éviter la peine, parce qu'un dépôt d'acte chez un notaire, ne peut équivaloir au paiement du droit d'enregistrement, en outre, parce que ce dépôt lui-même était fait et reçu en contravention aux règles.

La conduite du notaire ne pouvait servir de garantie au citoyen Lajugie. C'était une chose distincte et séparée.

Le notaire avait encouru une amende personnelle, *pour avoir reçu le dépôt* d'un acte non-enregistré ; il l'avait payée, et avait ainsi terminé ce qui le concernait.

Le citoyen Lajugie, de son côté, était repréhensible pour des omissions qui lui étaient personnelles, et qui le rendaient directement assujetti aux dispositions pénales de la loi.

A l'égard des moyens de considération employés par le tribunal de Lot et Garonne, l'administration des domaines a observé que les tribunaux ne peuvent faire de transaction avec les parties, au sujet des contraventions par elles commises.

L'article 59 de la loi du 22 frimaire an 7, porte : « *aucune autorité publique*, ni la régie, ni ses préposés, ne peuvent accorder de remise ni modération des droits établis par la présente, ni des peines encourues, ni en suspendre ou faire suspendre le recouvrement, *sans en devenir personnellement responsables.* »

Cette disposition était également celle des articles 50 et 51 de la loi du 27 mai 1791.

Le législateur a cru cette mesure utile pour établir un ordre invariable dans l'administration, et empêcher que des motifs de faveur ou de condescendance personnelle, ne parvinssent en peu de tems à altérer la loi de l'enregistrement et les produits qui en dépendent, en palliant arbitrairement toutes sortes de contraventions.

Tels sont les moyens et les textes des lois qui ont fait annuller le jugement du tribunal civil de Lot et Garonne, que le citoyen Lajugie n'est pas venu soutenir devant le tribunal de cassation.

A R T.   800.

P A T E N T E S.

Lorsque des tuileries et usines sont exploitées par des particuliers à qui les propriétaires abandonnent le tiers du produit pour les frais de manutention, qui doit se munir de la patente? comment en liquider les droits fixes et proportionnels?

Pour la solution de cette question, il faut connaître à quel titre les exploiteurs s'occupent de la fabrique et de la vente des tuiles et autres objets fabriqués.

Si c'est comme fermiers, à la charge de payer aux propriétaires, pour prix de bail, les deux tiers du produit de la vente, les fermiers sont seuls tenus de se munir d'une patente et d'en acquitter les droits fixes et proportionnels.

Si les arrangemens pris entre les propriétaires et les exploitans constituent une société
dont les produits se partagent à raison de deux
tiers aux premiers , et d'un tiers aux seconds,
tous doivent prendre individuellement une patente , en acquittant chacun distinctement le
droit fixe en entier , et en s'entendant entr'eux
pour contribuer au droit proportionnel , s'ils
demeurent ensemble, puisque ce n'est que dans
le cas où ils auraient chacun une habitation
particulière, qu'il y aurait lieu au droit proportionnel de part et d'autre , conformément à la
loi du premier brumaire an 7.

Enfin, si celui qui exploite à la charge de
fabriquer , de vendre et de compter des deux
tiers du produit brut au propriétaire , n'est
qu'un commis révocable à la volonté de celui-
ci , qui lui abandonne pour son salaire et les
frais d'exploitation , l'autre tiers de ce produit ,
ce commis est exempt de patente, suivant le
n°. 3 de l'article 29 de la loi : la patente doit
être prise et les droits acquittés en entier par le
propriétaire.

(Décision du ministre des finances, du 8
floréal an 9.)

———————

ART. 801.

ART. 801.

SAISIES-RÉELLES.

Un tribunal de première instance a refusé de procéder au renouvellement d'un bail judiciaire de biens saisis réellement, quoique la saisie fût antérieure à la loi du 11 brumaire an 7, relative aux expropriations forcées.

Il a motivé son refus sur ce que cette loi abolit le régime des saisies-réelles.

Mais la loi du 11 brumaire n'a point et ne peut avoir d'effet rétroactif ; les formalités qu'elle prescrit pour les ex-propriations, ne sont applicables qu'à celles postérieures à sa publication. Ainsi, les saisies-réelles qui ont été faites suivant les anciennes lois, doivent subsister, et par conséquent la dépossession qui s'en est ensuivie par le bail judiciaire. Dès-lors les préposés de l'administration de l'enregistrement, doivent continuer à recevoir le montant des fermages jusqu'à l'adjudication qui sera faite de l'immeuble saisi. Telle a été dans le tems, l'opinion du ministre de la justice.

La législation dans cette partie n'ayant point été modifiée depuis, et les motifs qui ont déterminé la décision du ministre de la justice subsistant dans toute leur force, cette décision doit être suivie.

D'ailleurs, aux termes de l'édit de 1689, les commissaires aux saisies-réelles , et depuis le décret du 23 septembre 1793 , les préposés de l'administration de l'enregistrement qui les remplacent , devant payer aux débiteurs les provisions qui leur auraient été accordées par des jugemens , fournir des états de situation et rendre le compte des recettes et dépenses des biens saisis réellement ; lorsque les parties intéressées l'ont fait ordonner , il paraît indispensable que l'administration d'un bien saisi ne cesse que par l'autorité du tribunal , sur la demande des créanciers et du débiteur saisi , ou après qu'ils ont été légalement appelés. S'il en était autrement , et que les préposés de l'enregistrement cessassent cette administration , sans y avoir été **provoqués** , il en résulterait un dommage pour les créanciers , pour le trésor public et même pour le saisi qui ne serait pas sur les lieux et qui n'aurait pas connaissance de ce changement. Car les biens pourraient ne pas être affermés , les réparations urgentes négligées , les contributions assises sur l'immeuble arriérées , les dépenses augmentées ; et il est sensible que ces abus ne se commettraient qu'au détriment des parties intéressées à la saisie.

(Lettre du ministre des finances , du 8 floréal an 9.)

ART. 802.
ENREGISTREMENT.
ADJUDICATION ET MARCHÉ.

Adjudication de réparations à faire à une maison , à la charge par l'adjudicataire de fournir tous les matériaux nécessaires. De quel droit cet acte est-il passible ?

Quelques-uns ont vu dans cet acte une vente

ou promesse de livrer des objets mobiliers , et se fondaient sur ce que le prix de la main-d'œuvre n'y était pas distingué de la valeur des matériaux.

Cette opinion ne nous paraît pas juste.

On doit distinguer une adjudication , un marché pour réparations , même construction de maison , avec un traité ou marché portant seulement vente ou promesse de livrer des marchandises ou autres objets mobiliers. Dans les marchés de cette nature , la valeur des fournitures faites par l'entrepreneur se confond nécessairement avec la main-d'œuvre. Il engage son industrie , celle de ses ouvriers , et la fourniture des matériaux , sans lesquels il ne pourrait remplir son marché. Cette dernière disposition est dépendante de la première : on ne peut donc exiger que le droit du marché à raison d'un pour cent sur le prix stipulé. (Art. 69 , § 3, n°. 1er. de la loi du 22 frimaire an 7.)

ART. 803.

DOT DES EX-RELIGIEUSES.

La famille d'une ex-religieuse s'engage , par acte notarié , à pourvoir à sa nourriture et à son entretien, pour obtenir la compensation de sa dot non acquittée , avec la pension due par la nation à laquelle elle renonce. De quel droit cet acte est-il passible ?

Cet acte étant gratuit ne peut être considéré

comme un bail de nourriture ; il a plutôt l'effet
d'un don viager, susceptible de la perception
de 2 fr. 50 centimes par 100 fr., réglée par le
nombre 1er. du §. 6 de l'article 69, pour les
donations mobiliaires en collatérale ; mais cette
opinion paraîtrait blesser les vues paternelles qui
ont dicté l'arrêté du gouvernement, du 27 nivose an 9. En effet, il admet les ex-religieuses à
la compensation de leurs dots encore dues, avec
la pension par laquelle il devait pourvoir à
leur existence, à la charge de certaines formalités. Quelques soient ces formalités, l'acte qui
les contient n'est en lui-même qu'un acte pur et
simple, sujet au seul droit fixe d'un franc ; d'autant que l'obligation des parens subsistait déjà,
comme une suite naturelle des vœux de l'ex-religieuse, qui continuent d'avoir leur effet. (*Opinion des rédacteurs.*)

A R T. 804.

RÉSOLUTION DE DONATION.

*Jugement portant résolution d'un acte de
donation entre-vifs d'immeubles, sur la
demande du donateur, fondée sur l'in-
terruption du paiement de la rente qu'il
s'était réservée.*

Ce jugement portant transmission est incontestablement sujet au droit proportionnel. Sur quel pied doit-il être réglé ?

Il est de principe que les perceptions ne doivent pas être faites par assimilation, mais d'après une disposition expresse du tarif.

Le §. 8 de l'article 69 assujettit au droit de 5 pour 100 les donations entre-vifs d'immeubles en collatérale, mais non les résolutions ou rétrocessions de ces donations.

Le §. 7 assujettit, nombre 1er., au droit de 4 pour 100, les *cessions ; rétrocessions et tous autres actes translatifs d'immeubles à titre onéreux.* Dans cette disposition sont comprises les rétrocessions et résolutions de donations entre-vifs d'immeubles, soit en directe ou collatérale.

Il ne pourrait y avoir d'exception que pour une résolution consentie volontairement, et qui, d'après les circonstances ou les expressions employées, paraîtrait avoir la libéralité pour principe ; on serait fondé à la regarder comme une nouvelle donation et à percevoir les droits en conséquence.

Mais lorsqu'il s'agit, comme dans le cas présent, de décharger le donataire du paiement d'une rente, et sur-tout que la résolution est prononcée judiciairement, l'acte ne peut avoir le caractère d'une donation, et il y a lieu à la perception de 4 pour 100 , prescrite pour les résolutions et rétrocessions.

Nous prions de rappeler cette distinction en marge de notre solution sur une question pareille , article 747 , page 230.

A R T. 805.

MUTATIONS PAR DÉCÈS.

Peut-on exiger les droits de déclaration des avantages mobiliers éventuels , recueillis par une veuve , en vertu d'un contrat de mariage , insinué en 1773 ?

Pour soutenir la négative , on a dit : A l'époque de la passation de l'acte, l'ouverture d'un don mobilier éventuel n'entraînait point, à l'événement , celle d'un droit proportionnel, ce droit ayant été acquitté par celui d'insinuation. Dans l'espèce , tous les droits de la mutation se trouvent avoir été acquittés d'avance ; on ne peut exiger ceux d'enregistrement sans donner un effet rétroactif à la loi.

Ce raisonnement n'est point solide. Dans l'ancien régime du contrôle , il n'existait point de droit à l'événement des donations mobiliaires pour la transmission qu'elles opéraient ; l'acte qui les contenait n'était sujet qu'à un droit de pure forme , qui ne pouvait excéder 50 fr.

Lors de la suppression des droits de contrôle et
d'insinuation, les lois sur l'enregistrement ont
établi ce droit sur les gains de survie et autres
avantages que recueille le survivant des époux.
Le paiement de l'insinuation sur la clause qui
contient le don de survie, ne peut exempter du
droit d'enregistrement, auquel la mutation ouverte par le décès donne lieu. Il faudrait, pour
établir cette exception et cette sorte de compen
sation, une disposition formelle dans la loi de
l'enregistrement, et elle ne s'y trouve point;
aussi la régie a-t-elle toujours tenu en principe
que le droit d'insinuation payé pour un don
éventuel, ne dispense point du droit d'enregistrement auquel l'évènement du don donne ouverture.

ART. 806.

QUITTANCE DE FRAIS D'UN JUGEMENT.

*Un jugement sujet à l'enregistrement sur
l'expédition, peut-il être cité dans la
quittance du paiement des frais dont il
prononce la condamnation, sans au
préalable avoir été enregistré ?*

Un notaire, il est vrai, ne peut, aux termes
de la loi, agir en vertu d'un acte non enregistré ;
or, c'est faire usage d'un jugement, que de

payer le montant des frais dont il prononce la condamnation. Mais cette disposition de la loi n'est pas applicable à l'espèce ; en effet, la loi du 22 frimaire an 7 ne porte pas comme l'article 48 de celle du 9 vendémiaire an 6 , que les parties ne pourront agir , ni les notaires , huissiers et greffiers , passer aucun acte en vertu de ceux judiciaires non enregistrés.

L'article 41 de la loi du 22 frimaire an 7 , s'exprime ainsi : ,, Les notaires , huissiers , greffiers ,
,, et les secrétaires des administrations centrales
,, et municipales , ne pourront délivrer en bre-
,, vet , copie ou expédition , aucun acte soumis
,, à l'enregistrement sur la minute ou l'original,
,, ni faire aucun autre acte en conséquence ,
,, avant qu'il ait été enregistré , quand même
,, le délai pour l'enregistrement ne serait pas
,, encore expiré , à peine de 50 fr. d'amende ,
,, outre le paiement du droit.

,, A l'égard des jugemens qui ne sont assu-
,, jettis à l'enregistrement que sur les expédi-
,, tions , il est défendu aux greffiers , sous les
,, mêmes peines , d'en délivrer aucune , même
,, par simple note ou extrait , aux parties ou
,, autres intéressés , sans l'avoir fait enregis-
,, trer. ,,

On voit donc qu'il ne s'agit ici que des jugemens sujets à l'enregistrement sur la minute , et

non de ceux qui , par leur nature , ne sont assujettis à l'enregistrement que sur l'expédition et
lors seulement qu'il en est fait usage en justice.
Dans l'espèce , on n'agit point en vertu d'un jugement ; c'est au contraire pour en arrêter les
suites qu'on paie les frais ; nous pensons donc
qu'il n'y a point de contravention de la part du
notaire , et qu'on ne peut pas exiger l'enregistrement préalable d'un semblable jugement ,
quoiqu'il soit cité dans un acte public , le receveur doit se borner à examiner si le greffier n'a
pas contrevenu à la défense exprimée audit article 41 de la loi du 22 frimaire an 7 , en dé-
livrant un extrait ou note du jugement.

A R T. 807.

R É P E R T O I R E.

*Les greffiers des tribunaux civils sont-ils
tenus de consigner sur leur répertoire
les ordonnances sur requête ?*

Le nombre 3 de l'article 49 de la loi du 22
frimaire an 7 , qui détermine les actes que les
greffiers auront à consigner sur leur répertoire ,
s'exprime ainsi : ,, Tous les actes et jugemens
,, qui , *aux termes de la présente , doivent être*

,, *enregistrés sur les minutes.* ,, On a induit de ces dernières dispositions qu'il suffit qu'un acte soit sujet à l'enregistrement sur la minute , pour que les greffiers soient tenus de les transcrire sur leur répertoire.

Cette prétention est évidemment contraire aux intentions du législateur. En effet, les ordonnances sur requête se délivrent sans la participation du greffier. Il ne peut donc demeurer passible d'une peine qu'il n'a pu prévoir ; nous croyons au contraire que les greffiers des tribunaux ne doivent consigner sur leur répertoire que les actes et jugemens dont la minute est déposée au greffe , et qui , par leur nature , sont assujettis à l'enregistrement sur la minute. L'opinion contraire ne présente aucun motif d'utilité , et elle entraverait nécessairement la marche des affaires.

A R T.   808.

T I M B R E.

Les registres de recettes des octrois , doivent-ils être tenus en papier timbré ?

Le maire d'une commune avait pensé que ces registres n'étaient pas soumis à la formalité du timbre, la loi du 13 brumaire an 7, ne les ayant pas nommément désignés.

Le ministre lui a observé, par lettre du 8 floréal an 9, que l'article 12 de la loi du 13 brumaire an 7, comprenait les registres de recettes des droits et revenus des communes et des établissemens publics, cette disposition était applicable aux octrois, quelque modique qu'en fût le produit.

ART. 809.

Les certificats délivrés par les maires des communes frontières, en exécution de l'article 6 de l'arrêté du directoire exécutif, du 17 prairial an 7, à l'effet de constater l'origine et la destination des grains expédiés pour l'usage des habitans de ces communes, doivent-ils être écrits sur papier timbré ?

L'arrêté du 17 prairial, n'impose pas, dit-on, cette obligation : on ajoute que ces certificats tendent uniquement à assurer l'exécution d'une mesure générale, sans produire aucun avantage aux particuliers|

Mais ces certificats sont délivrés par un officier public, ils forment un titre justificatif en faveur des impétrans ; ils sont donc soumis au timbre , et par les dispositions générales du titre 2 et par les dispositions particulières de l'article 1 2 de la loi du 1 3 brumaire an 7 , à laquelle il n'a point été dérogé par l'arrêté du 1 7 prairial suivant. La loi est positive à ce sujet ; elle doit donc être exécutée.

Au reste , c'est à tort qu'on objecterait que ces certificats n'ont pour objet que l'intérêt général ; ils sont délivrés pour l'usage particulier et dans l'intérêt privé des habitans de l'extrême frontière qui tirent des grains de l'intérieur.

Cette faculté leur étant accordée par une exception à la prohibition générale , sous la condition de justifier de la destination des grains , par un certificat de cette nature , cet acte leur fait titre ; ainsi il est passible du droit de timbre. (*Opinion des Rédacteurs.*)

ART. 810.

PATENTES.

MENUISIER.

Dans quelle classe doivent être placés les menuisiers qui ont un attelier à leur domicile , où ils travaillent seuls à la pièce une partie de l'année , lorsqu'ils ne sont point employés à la journée chez des particuliers non menuisiers ?

Dès qu'un menuisier n'a jamais de compagnon , il ne peut être placé qu'à la sixième classe du tarif , comme simple ouvrier , aux termes du n°. 3 de l'article 29 de la loi du premier brumaire an 7. Si l'existence d'un *attelier* suffisait pour placer les menuisiers à la cinquième classe , il n'y aurait pas dans cette profession d'ouvriers dans le cas d'être placés à la sixième , puisque tous ont besoin d'un *attelier* pour travailler chez eux , et cette prétention rendrait , sans effet , l'article de la loi précitée , pour un grand nombre d'états qui doivent en profiter.

(Décision du ministre des finances , du 28 germinal an 9.)

A R T. 811.

D O M A I N E S   N A T I O N A U X.

Dots des ex-religieuses.

L'arrêté des consuls , du 27 nivose an 9, qui permet aux familles des ex-religiéuses de s'affranchir du paiement de leurs dots , à la charge

par elles de fournir à l'entretien et à la nourriture desdites ex-religieuses , et par celles-ci de
renoncer à leur pension sur l'état. Cet arrêté estil applicable à celles qui se sont refusées aux
sermens et aux déclarations prescrites par les
lois , et qui , à raison de ce refus , n'ont point
été comprises dans la liste des pensionnaires de
l'état ?

Nous pensons que l'affirmative ne peut souffrir aucune difficulté : non seulement l'arrêté
du 27 nivose an 9 , n'établit point de distinction entre les ex-religieuses assermentées et celles
non-assermentées , mais même il prévoit le cas
où elles ne seraient pas inscrites sur la liste des
pensionnaires de l'état. L'article 4 porte en effet;
,, Les ex-religieuses envers qui les dispositions
,, ci-dessus seront exécutées , seront rayées de
,, la liste des pensionnaires de l'état , *si elles s'y
trouvent portées.* ,, L'inscription sur la liste des
pensionnaires n'est donc point de rigueur pour
la compensation. Les lois qui avaient supprimé
les communautés ecclésiastiques assuraient à
toutes les religieuses une pension destinée à
pourvoir à leur existence. Qu'elles aient ou non
rempli les formalités pour obtenir leur liquidadation , elles n'en avaient pas moins un droit
acquis à la pension , et d'ailleurs la prestation
du serment n'était de rigueur que pour obtenir

le paiement des pensions et non pour leur liquidation.

ART. 812.

Biens indivis avec la république.

Les co-propriétaires de biens indivis avec la république sont autorisés à toucher des *mains des fermiers*, la portion qui leur revient dans les revenus de ces biens.

Les fermiers étant tenus d'acquitter les impositions assises sur ces biens, en déduction des fermages, ils feront la retenue de la portion à la charge du co-propriétaire, lorsqu'ils lui remettront sa part dans le prix de ferme.

Les autorités administratives ordonneront le paiement des réparations qu'il pourrait y avoir lieu de faire à ces biens, sur chacun des co-propriétaires, *au prorata de* leur jouissance. (Lettre du ministre des finances, du 11 floréal an 9, à l'administration du domaine national et de l'enregistrement.)

ART. 813.

DOMAINES ENGAGÉS.

Des concessionnaires à vie, ceux d'îles ou îlots ou alluvions, dépossédés en

exécution de la loi du 10 frimaire an 2,
peuvent-ils être réintégrés dans leur jouis-
sance jusqu'à la décision du corps légis-
latif, sur la nature desdites concessions ?

L'article 33 de la loi du 14 ventose an 7, porte,
» Il n'est rien statué ni préjugé par la présente ».

1°. Sur les concessions faites à vie seulement ou pour
un tems déterminé, soit par baux emphithéotiques,
soit par baux à cens ou à rentes.

2°. Sur les concessions de terrains, à quelque titre
que ce soit, faites dans les Colonies Françaises et des
Deux-Indes.

3°. Sur la nature des îles, îlots et aterrissemens for-
més dans le sein des fleuves et rivières navigables,
non plus que des alluvions y relatives, ni des lais et
relais de la mer.

Il se a statué sur ces divers objets par des résolutions particulières.

Cette disposition semblait, dans l'espèce, autoriser les demandes en réintégration de jouissance
provisoire, mais la loi du 22 frimaire an 3,
n'ayant fait que suspendre celle du 10 frimaire an 2,
les choses auraient dû rester *in statu quo* à l'égard des
engagistes. Le ministre l'avait ainsi décidé avant la loi
du 14 ventose an 7, on pouvait donc opposer que cette
loi ne prononçait point sur cette difficulté.

Ce raisonnement n'était pas sans force, cependant
il eut été trop sévère, et contraire aux intérêts de la
république de se refuser à une demande juste en principe ; car d'une part, en admettant que d'après la loi
du 22 frimaire an 3 les choses ayant dû rester *in statu*
quo, il en serait résulté qu'un engagiste vis-à-vis duquel

quel la loi du 10 frimaire an 2, aurait été exécutée, demeurerait dépouillé de sa jouissance, tandis que celui dont l'aliénation aurait échappé à la vigilance du percepteur, continuerait de jouir paisiblement; d'un autre côté, les concessions dont il s'agit étant faites en majeure partie à la charge du paiement de rentes foncières, la jouissance acquise à la république grevée des frais d'entretien, administrations et impositions, ne forme pas l'équivalent en produit pour la république des rentes qui, depuis le séquestre, n'ont pu être servies. D'ailleurs, les engagistes depouillés ont un droit réel à une indemnité quelconque, et ils ne doivent point souffrir des retards apportés à fixer la législation sur la nature de leurs aliénations.

Fondé sur ces motifs, le ministre des finances a rendu plusieurs décisions, notamment les 11 thermidor an 8 et 11 germinal an 9, en faveur d'engagistes d'îles ou îlots, ou à vie, dépossédés en exécution de la loi du 10 frimaire an 2.

ART. 814.

ENREGISTREMENT.

DOMAINE CONGÉABLE.

Doit-on percevoir le droit proportionnel de 4 ou de 2 pour 100, sur la valeur des édifices et superfices d'un domaine congéable lorsque le propriétaire cède à un tiers le droit de congédier le colon ?

Les domaines congéables n'étant connus que dans les départemens des Côtes-du-Nord, du

Finistère et du Morbihan, nous croyons utile, pour l'intelligence de la question proposée, de rappeller ici la nature de ce bail, de ses effets et de la jurisprudence qui lui est particulière.

Le bail à domaine congéable est un contrat sinallagmatique par lequel le propriétaire d'un héritage en abandonne pour un tems limité la jouissance, moyennant une redevance que l'on appelle rente convenancière. Il se réserve la propriété du fonds ; il aliène au preneur les édifices et superfices moyennant des deniers d'entrée, avec la faculté de le congédier en lui remboursant le prix des édifices et superfices, ainsi que les améliorations à dire d'experts.

Le domaine congéable, *domanium migratorium*, est ainsi appellé, parce que le propriétaire a toujours la faculté de congédier le preneur. Il est encore désigné sous le nom de convenant, parce qu'il est uniquement fondé sur les conventions faites entre le bailleur et le preneur, conformément aux usemens locaux.

Le preneur est appellé colon, ou domanier, ou convenancier, ou superficiaire, parce qu'il est propriétaire des superfices sous la faculté de réméré, toujours réservée au propriétaire du fonds.

Les superfices sont les édifices qui servent à l'exploitation, les murs, les fossés, les engrais, les fruits, les arbres puisnés et fruitiers, et toutes les améliorations faites par le colon. Tous ces objets sont encore appellés droits convenanciers par opposition aux droits fonciers, qui sont ceux du propriétaire du fonds.

Lorsque le propriétaire foncier a convenancé son héritage, c'est-à-dire, le donne à convenant ou à domaine congéable, il se dépouille pour un tems de la jouissance du fonds et de la propriété des superfices, qui sont des immeubles entre ses mains. Il aliène donc des immeubles réels, mais par une fiction de droit, ils deviennent meubles dans la main du colon, à l'égard seulement du propriétaire. C'est d'après ce principe consacré par les usemens de la ci-devant province de Bretagne, par la jurisprudence des tribunaux et par la loi du 7 juin 1791, que lorsque le propriétaire n'est pas payé des rentes convenancières, il procède à la vente des superfices, non par voie de saisie réelle, mais par simples bannies.

A l'égard de tous autres que le propriétaire ou seigneur foncier, les édifices et superfices conservent la qualité d'immeubles, ils se partagent comme tels dans les successions des domaniers. Cette jurisprudence ancienne a été confirmée par l'article 9 de la loi du 7 juin 1791, qui est conçu en ces termes : ,, Dans toutes les

” successions directes et collatérales , qui s’ou-
” vriront à l’avenir , les édifices et superfices
” des domaniers seront partagés comme im-
” meubles , selon les règles prescrites par la
” coutume générale de Bretagne. Il en sera de
” même pour le douaire des veuves des doma-
” niers , pour les sociétés conjugales et pour
” tous les autres cas , les édifices et superfices
” n’étant réputés meubles qu’à l’égard des pro-
” priétaires fonciers. ”

Lorsqu’un bail à domaine congéable est expiré , le propriétaire le renouvelle au même colon , ou il le congédie. Le congément est donc
l’exercice du droit qu’a le propriétaire d’évincer
le domanier ; mais il faut préalablement qu’il
lui rembourse le prix des droits convenanciers ;
il peut exercer ce droit directement par lui-même
ou le faire exercer par un tiers à qui il cède le
droit de congédier le colon pour se mettre à sa
place , et c’est l’espèce qui a donné lieu à la
question que nous discutons.

Le propriétaire foncier d’un convenant dans
le département des Côtes-du-Nord a cédé à un
tiers le droit de congédier l’ancien colon Toutes
les formalités ont été remplies. La valeur des
édifices et superfices a été estimée par des experts. Le procès-verbal d’estimation a été présenté à l’enregistrement , car il est indifférent

de percevoir les droits sur le procès-verbal ou sur la quittance. Le receveur de Guingamp a perçu le droit à raison de 4 pour cent en conformité de l'article 69 , §. 7 de la loi du 22 frimaire an 7 ; on a réclamé contre cette perception ; on a prétendu qu'il n'était dû que 2 pour cent , suivant le n°. 1 du §. 5 de l'article 69 , parce que les édifices et superfices d'un convenant étant réputés meubles entre le propriétaire du fonds et le convenancier , le tiers qui congédie le colon en vertu de la faculté que le propriétaire lui a cédée , n'exerce qu'une action mobiliaire , telle que l'aurait exercée le propriétaire , dont le cessionnaire du droit de congément n'est que le représentant.

Ce raisonnement a séduit les juges du tribunal de Guingamp , où l'instance était engagée. Ils ont considéré qu'un propriétaire foncier qui donne à un tiers le pouvoir de congédier son colon , ne fait qu'user d'un droit cessible , que dès-lors son représentant n'a ni plus ni moins de droit que lui-même , et qu'en résultat , son nouveau colon n'opère aucun changement dans leurs positions respectives , puisque le nouveau colon comme l'ancien ne possède que des meubles à l'égard du propriétaire. Le tribunal a rendu en conséquence , le 8 thermidor an 8 , un jugement qui a réformé la perception du droit et l'a réduit à 2 pour cent.

L'administration s'est pourvue en cassation contre ce jugement, dont on n'avait pas encore vu d'exemple : elle a établi dans ses moyens que le premier détachement des édifices et superfices fait par le foncier, lorsqu'il fait de son héritage un bail à domaine congéable avait toujours été assujetti dans l'ancien régime, au centième denier, et dans le nouveau au droit proportionnel de quatre pour cent, parce qu'il y a réellement transmission d'une propriété immobilaire ; mais comme elle perd à l'instant ce caractère et qu'elle devient mobiliaire à l'égard seulement du foncier, il est sûr que si le congément est exercé par le foncier, il n'est dû sur la valeur des édifices et superfices qu'un droit proportionnel de deux pour cent, parce qu'il n'exerce qu'une action mobiliaire. Il en serait de même si le foncier donnait à un tiers une procuration pour congédier en son nom le colon. La mission du fondé de pouvoir finirait aussitôt après le congément et le remboursement du prix des superfices ; mais celui à qui le foncier cède son droit de congément n'est pas son fondé de pouvoir, il devient son nouveau colon, puisqu'il se met à la place de l'ancien qu'il congédie. C'est donc l'ancien et le nouveau colon qui trai-

tent ensemble, l'un pour revendre, l'autre pour
racheter les édifices et superfices. Le cessionnaire
du droit de congément n'est et ne peut jamais
être le foncier. Or, comme les édifices et superfices ne sont meubles qu'entre le colon et le
foncier, il est évident qu'ils conservent leurs
qualités d'immeubles entre le cessionnaire et le
colon.

Ces principes ont paru d'une telle évidence
au tribunal de cassation, que par jugement
du 13 nivose dernier, il a admis le mémoire
en cassation.

ART. 815.

DÉCLARATION DE SUCCESSION.

Distinction des biens propres de commu-
nauté. Dans quels cas ils doivent être
déclarés.

1°. Il n'est pas nécessaire, pour qu'un héritage soit propre de communauté, que celui à
qui le conjoint a succédé, en ait été pleinement
propriétaire ; il suffit qu'il se soit trouvé dans
les effets de sa succession. Exemple : Julie,
épouse de Constantin, avait recueilli une maison
dans la succession d'Auguste, son oncle ; Antoine en avait prétendu la propriété et avait
formé contre Julie la demande en revendication.

Cette maison serait toujours censée propre de communauté , quand bien même Julie aurait transigé et payé une somme d'argent à Antoine. Elle serait seulement tenue d'indemniser la communauté , lors de sa dissolution , des deniers qu'elle a employés pour assoupir le procès. Dans cet état , Constantin décède ; ses héritiers ne doivent comprendre dans leur déclaration aucune portion de la maison , puisqu'elle est propre de communauté à Julie ; mais ils doivent déclarer la moitié de la somme dont Julie doit récompense à la communauté , si elle l'a acceptée , ou la totalité si elle y a renoncé.

2º. Un héritage n'est point aussi conquet de communauté , lorsque l'un des conjoints le tient en vertu d'une possession ou d'un droit auquel il a succédé. Exemple : César avait acquis un héritage d'un mineur ou d'un particulier qui n'en était pas propriétaire : il décède , et Augustine le recueille dans sa succession. Cet héritage est propre de communauté , et appartient privativement à Augustine , quoique la vente n'ait été ratifiée qu'après la mort de César , soit par le mineur, soit par le propriétaire. Ainsi au décès d'Augustine , ses héritiers devront déclarer la totalité de cet héritage.

3º. Il en est de même , si l'un des conjoints a trouvé dans la succession d'un parent un droit qui lui était acquis sur un héritage , en vertu duquel il se l'est fait délivrer ; parce que le droit à une chose , est censé , par l'effet du droit et de l'événement , la chose même , suivant cette règle de droit : *Qui actionem habet , ipsam rem habere videtur* , l. 15 , de R. J. Exemple : Césarine , épouse d'Alcippe , a exercé le retrait d'un héritage , en conséquence de réméré apposé dans un contrat de vente , fait par son parent décédé , *ou* elle s'est fait mettre en possession d'un immeuble que son parent avait acquis , et qui ne lui avait pas été livré. Dans l'un ou l'autre cas , le prix du réméré ou de l'acquisition a été payé des deniers de la communauté. L'héritage , néanmoins , appartient en totalité à Césarine , sauf la récompense qu'elle doit à la communauté. À son décès , ses héritiers devront le comprendre dans leur déclaration; et si Alcippe prédécède, ses héritiers seront tenus de déclarer la somme dont Césarine est obligée de leur tenir compte.

4°. Sont aussi propres de communauté , les biens donnés en paiement de dot. Exemple : Titius a constitué à Mœvius , son fils , une somme d'argent ; il lui donne en paiement un immeuble : cet immeuble est un propre de communauté , à la charge néanmoins de la récompense de la somme promise qui y serait entrée , si Mœvius n'eût pas reçu l'héritage à la place ; même règle qu'au nombre précédent pour la déclaration qu'il y aurait à fournir , soit par les héritiers de Mœvius , soit par les héritiers de sa femme.

(*La suite dans le prochain numéro.*)

ART. 816.

INSUFFISANCE D'ÉVALUATION.

Une insuffisance d'évaluation de biens transmis par acte entre-vifs ou par décès, peut-elle être constatée par un acte qui fait connaître la valeur en capital desdits biens ?

Nous avons démontré la négative , art. 624 des instructions décadaires ; mais comme ces mots , *ou la valeur en capital des biens* , qui se trouvent page 548 , ligne 10 de notre dictionnaire sur l'enregistrement , pourraient induire en erreur , nous prions de les supprimer.

ART. 817.

PROMESSE DE FIDÉLITÉ A LA CONSTITUTION.

La promesse de fidélité exigée par l'arrêté du 21 nivose an 8 , est-elle sujette à la formalité de l'enregistrement ?

La loi du 22 frimaire ne parle que des prestations de serment auxquelles sont tenus les fonctionnaires publics , et qui sont faites devant les tribunaux ; elle ne fait aucune mention des pro messes de fidélité.

Il est vrai que l'arrêté qui prescrit cette formalité , est postérieur à la loi du 22 frimaire ; mais la loi du 27 ventose dernier , qui rappelle les dispositions de celle du 22 frimaire sur les prestations de serment , est également muette sur les promesses de fidélité. Or , il n'est jamais permis d'étendre les dispositions de la loi ; on ne peut donc pas assujettir à l'enregistrement la promesse de fidélité exigée par l'arrêté du 21 nivose an 9. (Décision du ministre des finances , du 28 floréal an 9.)

ART. 818.

RÉSOLUTION DE CONTRAT.

La résolution volontaire d'un contrat de vente d'immeuble , en vertu de réserve expresse stipulée au contrat , est-elle sujette au droit proportionnel d'enregistrement , lorsqu'elle est motivée pour défaut de l'entier paiement du prix ?

L'article 12 de la loi du 27 ventose dernier , sur l'enregistrement , porte :

,, Les *jugemens* portant résolution de contrats ,, de vente pour *défaut de paiement qu lconque*

» *sur le prix de l'acquisition , lorsque l'acquéreur*
» *ne sera point entré en jouissance*, ne seront
» assujettis qu'au droit fixe d'enregistrement, tel
» qu'il est réglé par l'article 68 de la loi du 22
» frimaire , §. 3 , n°. 7 , pour les jugemens
» portant résolution de contrats pour cause de
» nullité radicale. »

D'après les dispositions de cet article , pour
que la résolution d'un contrat de vente ne soit
soumise qu'au droit fixe , il faut le concours des
trois conditions suivantes :

1°. Qu'elle soit prononcée par *jugement ;*

2°. Que l'acquéreur ne soit point entré en
jouissance ;

3°. Qu'il n'ait payé portion *quelconque* du prix
de son acquisition.

Or , la résolution volontaire du contrat de
vente d'un immeuble ne remplissant pas la première de ces conditions, il en résulte que l'acte
qui la contient est sujet au droit d'enregistrement, comme rétrocession.

La condition de rentrer dans l'héritage vendu
à défaut de paiement du prix, existe de droit
dans tous les contrats ; la stipulation expresse
qui en est faite dans l'acte de vente n'ajoute rien
au droit du vendeur ; elle ne change pas le caractère et les effets du contrat d'aliénation ; elle
n'est point suspensive de la vente qui est parfaite

quoique résoluble sous condition. On ne peut
donc voir dans la résolution volontaire dont il
s'agit, qu'une rétrocession soumise au droit de
4 pour 100 comme le contrat de vente.

(*Opinion des rédacteurs.*)

A R T. 819.

RÉSOLUTION DE CONTRAT DE VENTE.

*Un particulier vend des biens propres de
sa femme; mais il s'oblige de rapporter
son consentement. La femme meurt cinq
mois après la vente, sans l'avoir ratifiée.
Par un acte postérieur, l'acquéreur reconnaît la nullité de la vente, et reçoit le
remboursement du prix. De quel droit cet
acte est-il passible ?*

Les uns ont dit : il n'existe point de nullité de droit, et d'ailleurs, un acte nul peut
recevoir son exécution. Dans l'espèce, la vente
pouvait être validée, soit par le consentement
des héritiers de la femme au rapport seul du
prix de la vente, soit par le remploi de la
part du mari du bien vendu sur les siens propres.
Ce n'est point d'ailleurs au receveur de l'enregistrement à examiner si l'acte de vente est ou
non frappé de nullité, il est censé subsister
tant qu'il n'est pas rendu de jugement qui le

frappe de nullité. La convention postérieure qui le résilie est donc une rétrocession, un nouvel acte translatif, qui donne ouverture au droit de 4 pour 100.

Ce raisonnement ne nous paraît pas exact. Ce n'est point, à la vérité, au receveur à juger de la validité des actes qui sont soumis à l'enregistrement ; mais il doit considérer leur nature et leur effet pour régler ses perceptions en conséquence. Il faudrait, pour que le droit proportionnel de 4 pour 100 fût dû sur l'acte en question, qu'il en résultât une transmission de propriété ; or, c'est ce qui n'est pas, puisque le premier acte lui-même n'avait pas opéré de mutation à défaut de consentement de la femme. Elle avait la propriété, elle l'a conservée jusqu'à son décès, et par suite, ses héritiers qui l'ont recueillie, doivent comprendre l'objet dans leur déclaration, et en acquitter le droit. Quant au résiliement, le préposé n'a que l'option de percevoir le droit fixe d'un franc, ou le droit proportionnel de demi pour 100, sur la quittance de remboursement, qui en est une clause ou condition.

ART. 820.

PATENTES.

MAÎTRES DE PRESSOIRS.

Le ministre des finances avait décidé, le 18 brumaire an 9, sur un référé du directeur des contributions directes du département de la Côte d'Or, que les maîtres de pressoirs qui les emploient habituellement à faire du vin pour autrui, devaient se munir d'une patente de cinquième classe, *par assimilation aux meûniers.*

Mais des autorités administratives et des directeurs des contributions directes, ont représenté depuis au ministre, qu'il serait à craindre que les propriétaires ne prissent le parti de refuser l'usage de leurs pressoirs aux petits cultivateurs qui n'en ont point, plutôt que de se voir taxés à la patente, à raison de la facilité qu'ils veulent bien leur accorder, ce qui mettrait dans le plus grand embarras beaucoup de vignerons peu fortunés.

Ils ont ajouté, qu'avant l'an 9, on n'avait pas exigé le droit de patente en pareil cas ; qu'il n'y a aucune analogie entre les propriétaires de pressoirs et les meûniers, qu'un moulin est censé travailler tous les jours, tandis que les pressoirs ne servent que pendant quinze, et que, dans de mauvaises années, ils ne sont d'aucun usage.

D'après ces observations, le ministre a rendu, sur cet objet, le 18 floréal an 9, une nouvelle décision conçue en ces termes :

« Le service des pressoirs à vin n'ayant lieu que » pendant le tems des vendanges, il ne peut être as- » similé à aucun autre état ou profession ; en consé- » quence, *les maîtres de ces pressoirs ne doivent pas* » *être compris aux rôles des patentes.* »

ART. 821.

DOMAINES NATIONAUX.

Dots des ex-religieuses.

L'arrêté des consuls du 27 nivose an 9, qui permet aux familles des ex-religieuses de s'affranchir du paiement de leurs dots en se chargeant de leur entretien, et nourriture, peut-il être invoqué par les parens d'une ex-religieuse morte en 1791 ?

La république a été substituée aux droits des ci-devant communautés ecclésiastiques, lorsque par suite de leur suppression, tout leur actif a été déclaré propriété nationale. Or, dans les anciens principes, les dots des ex-religieuses n'étaient restituables que lorsqu'elles quittaient le monastère à défaut de vœux ; et dans le cas de mort des professes, les dots étaient acquises aux communautés. Dans l'espèce, à l'époque où la religieuse est morte, la somme constituée pour sa dot faisait partie de l'actif de la maison religieuse, la condition de la donation a été exécutée. Il n'y a donc aucun motif pour dispenser du paiement d'une dette qui devait être acquittée long-tems avant la suppression des communautés religieuses.

ART. 822.

ART. 822.

ENREGISTREMENT.

Vente dont le prix doit être déterminé par une expertise.

La vente d'un immeuble a été faite sous la condition que le prix en serait déterminé par une expertise, et cependant il a été estimé 1000 francs par les parties, qui ont payé le droit de 4 pour 100 sur cette somme.

Le procès-verbal des experts, postérieur de trois mois à l'acte de vente, a porté la valeur de cet immeuble à 4000 francs. Ce procès-verbal, soumis à la formalité, a fait naître la question de savoir si, indépendamment du droit proportionnel à percevoir sur 3000 francs, il ne devait pas être exigé le droit en sus, par le motif que l'acte de vente présentait une estimation insuffisante, et que le droit étant acquis du jour de l'ouverture de la mutation, le droit en sus devait être exigé sur le montant du supplément résultant du procès-verbal d'expertise qui a été enregistré après l'expiration des délais.

Mais on a objecté qu'une des clauses essentielles de la vente étant l'expertise, et le règlement du prix étant subordonné à l'issue de cette opération, les parties ne pouvaient pas être te-

nues d'une peine qui n'avait pas été encourue.
Cette opinion , plus conforme aux principes et
à l'équité , est celle que nous avons adoptée.

ART. 823.

ACTES JUDICIAIRES.

*Jugement d'un tribunal civil de première
instance , portant qu'il n'y a pas lieu à
l'expropriation forcée d'un domaine , au
moyen du paiement fait à l'audience par
le débiteur au créancier poursuivant , du
montant de sa créance.*

Quelques-uns ont pensé qu'outre le droit proportionnel de 50 centimes pour 100, dû pour la
quittance du montant de la créance, donnée
par le créancier, on devait percevoir le droit
fixe de 3 francs pour la disposition définitive
qui porte que l'offre de paiement est acceptée,
et qu'il n'y a pas lieu à l'expropriation.

Ils se fondent sur ce que la disposition du jugement qui contient la quittance n'étant que se-
condaire et déterminée par l'évènement *du paiement effectué à l'audience* qui aurait pu l'être , par
acte particulier, passé au greffe ou devant notaire , est étrangère à la disposition principale
du jugement, et n'en dérive pas nécessairement.

Cette opinion ne nous paraît point exacte.
La quittance, il est vrai, pouvait précéder le

jugement , mais elle est contenue dans le même
acte qui prononce qu'il n'y a pas lieu à expropriation forcée , et qui ne prononce ainsi que
parce que le paiement de la créance a été effectué. Ainsi , la disposition qui libère le débiteur
est réellement la disposition principale d'où dérive celle portant qu'il n'y a pas lieu à expropriation forcée. Nous estimons donc qu'on doit
se borner à la perception du droit proportionnel
de 50 centimes , par 100 francs.

ART. 824.

DÉCLARATION DE SUCCESSION.

Distinction des biens propres de commu-
nauté. Suite de l'article 815.

5°. Tous les immeubles que l'un des conjoints acquiert pendant la communauté, par
partage ou licitation, sont des propres de communauté , parce que la loi ne regarde pas ces
actes comme des titres d'acquisition, mais comme
déclaratifs de propriété. Exemple : Alexandrine,
épouse de Constantin , procède à un partage
avec ses co-héritiers ; on lui assigne une maison
à la charge d'une soulte de 6000 francs , *ou* elle
se rend adjudicataire par licitation d'une maison
dont un tiers seulement lui appartenait à titre
d'héritière , moyennant 9000 francs pour la to-

talité. Dans l'un et l'autre cas, la maison est propre à Alexandrine, sauf la récompense qu'elle doit à la communauté. Si elle décède, ses héritiers devront passer déclaration de la totalité de la maison ; si, au contraire, Constantin prédécède, ses héritiers seront tenus de déclarer les 3000 francs de récompense qui leur seront dûs par la veuve dans le cas où elle accepterait la communauté, ou les 6000 francs, dans le cas où elle y renoncerait.

6°. Les acquets d'un conjoint ne sont conquets de communauté, que lorsque le titre de l'acquisition n'a pas précédé le tems de la communauté. De-là il suit, 1°. que l'héritage acquis par le conjoint avant son mariage, est propre de communauté, quoiqu'il n'en ait été mis en possession qu'après la prononciation du mariage ; 2°. qu'il en est de même d'un immeuble dont le tems de la prescription, commencé avant le mariage, a été accompli pendant la durée de la communauté ; 3°. que cette règle a lieu dans toutes les acquisitions dont le titre a précédé le mariage, quoiqu'il fut d'abord invalide et sujet à rescision, et n'ait été confirmé que durant la communauté. Ces articles, pour être facilement entendus, ne nous paraissent pas avoir besoin d'exemples.

7°. Si, après le mariage fait, un père donnait

à son gendre et à sa fille un héritage pour leur appartenir à chacun pour moitié ; la moitié de la femme lui serait un propre , parce qu'elle le tiendrait en ligne directe , et la moitié du mari serait un vrai *conquet* , parce que cette moitié serait réellement pour lui l'effet d'une pure libéralité. La femme prédécédant, ses héritiers seraient tenus de déclarer , 1°. la moitié de cet héritage qui lui était propre ; 2°. et la moitié de l'autre moitié qui formait un conquet de communauté. Par une raison contraire , les héritiers du mari ne seraient tenus qu'à la déclaration du quart au total.

8°. Les donations faites en collatéralle avec mention que c'est *en avancement d'hoirie* , produisent des propres de communauté au profit du donataire.

9°. Il ne faut pas mettre au rang des conquêts les héritages dans lesquels un conjoint rentre durant le mariage, par la voie de la rescision , de la résolution ou de la simple cessation de l'aliénation qui en avait été faite auparavant, sauf la récompense due à la communauté pour les sommes qui en auraient été tirées pour opérer la rentrée. Quant à la déclaration à passer, même règle à suivre qu'au nombre 5.

Cependant l'objet d'une rétrocession devient un conquêt, quand même cette rétrocession serait faite pour le même prix , lorsque les choses étaient consommées , et qu'il n'y avait aucune cause pour y donner lieu forcément. Dans ce cas , l'immeuble rétrocédé , quelque soit le conjoint qui l'eût aliéné , appartient par moitié à chacun d'eux.

Mais si cette rétrocession était prononcée en justice pour défaut de paiement , elle serait regardée comme une résolution du contrat, parce qu'en fait de vente , le prix est une des trois conditions sans lesquelles le contrat ne peut subsister , et dès-lors l'héritage ne peut être regardé comme un conquêt , parce que le vendeur n'y rentre point par un droit nouveau : le défaut de paiement remet simplement les choses dans l'état où elles étaient avant l'aliénation. L'héritage étant propre à celui des conjoints qui l'avait aliéné , ses héritiers devraient passer déclaration de la totalité.

A R T. 825.

EXPLOIT EN CONSÉQUENCE DE VENTE VERBALE.

Un particulier somme un autre citoyen d'enlever et de payer des marchandises vendues précédemment par convention verbale. Il désigne dans l'acte de sommation la nature et le prix des marchandises , et reconnaît avoir reçu des arrhes.

*Cet acte est-il susceptible du droit propor-
tionnel, comme vente de meubles ?*

Non. Une sommation ne constate pas suffisamment une vente pour autoriser la perception
du droit proportionnel sur les marchandises
qu'on y déclare avoir été vendues : cet acte *extrá
judiciaire* ne contient pas le consentement de
l'acheteur, nécessaire pour donner le caractère
de vente à une convention. Nous estimons donc
qu'il n'est dû dans l'espèce proposée que le droit
fixe d'un franc comme exploit, sauf à percevoir
le droit proportionnel comme vente, sur le jugement de condamnation, si la sommation est
suivie de poursuites sans justification de titre,
conformément au nombre 9 du paragraphe 2 de
l'article 69 de la loi du 22 frimaire an 7.

A R T. 826.

PRESTATION DE SERMENT.

*La promesse de fidélité à la constitution,
prescrite par la loi du 21 nivose an 8, ne
dispense pas les greffiers, avoués et
huissiers des tribunaux, de prêter le
serment de remplir leurs fonctions avec
exactitude et probité.*

Le ministre des finances s'est expliqué su

cette question. Dans une lettre du 28 floréal an
9, adressée au ministre de la justice il s'exprime
en ces termes : ,, Les greffiers, avoués et huis-
,, siers des tribunaux de première instance,
,, doivent, indépendamment de la promesse de
,, fidélité à la constitution, prêter le serment
,, de remplir leurs fonctions avec exactitude et
,, probité ; les actes qui en sont rédigés doivent
,, être écrits sur papier timbré, signés par les
,, greffiers et enregistrés sur la minute dans les
,, 20 jours, en payant 15 francs pour chaque
,, prestation de serment. ,,

ART. 827.

SOUS-BAIL.

Un sous-bail est fait par Philippe à An-
toine pour 5 ans qui restent encore à
courir, il est approuvé par Joseph pro-
priétaire de l'objet, qui décharge Phi-
lippe de l'effet du bail qu'il lui avait
passé par acte enregistré. De quel droit
ce sous-bail est-il passible ?

L'on avait prétendu qu'il y avait deux dispositions sujettes à des droits proportionnels : la
première, comme rétrocession de bail par Philippe à Joseph, et la seconde, comme nouveau
bail, par ce dernier au profit d'Antoine.

Cette prétention nous paraît exagérée. L'effet

de la rétrocession est de remettre au propriétaire son héritage pour en disposer comme il lui
plaît ; cela ne se rencontre pas dans l'espèce actuelle : le sous-bail est fait directement par Philippe à Antoine, et si le propriétaire vient y
donner son adhésion, c'est parce qu'il est assez
généralement stipulé dans les baux que le preneur ne pourra sous-louer sans le consentement
par écrit du bailleur ; aucun intervalle n'a existé
entre la jouissance du premier preneur et celle
du sous-locataire ; il n'y a donc pas eu au profit
du propriétaire une transmission qui puisse être
assujettie à un droit proportionnel. Il faut aussi
considérer que le sous-bail n'est fait que pour
le nombre d'années qui restent à courir ; cette
disposition exclud toute idée de rétrocession.
Ainsi, nous estimons que le consentement donné
par Joseph, n'opère que le droit fixe d'un franc,
indépendamment du droit proportionnel dû
pour le sous-bail.

ART. 828.

PRESCRIPTION.

*La demande des droits d'enregistrement
d'une succession échue à un prévenu d'é-
migration pendant que ses biens étaient
sous le sequestre, est-elle prescrite, s'il
s'est écoulé plus de 5 ans depuis le décès*

de celui auquel il succède jusqu'au jour
de sa radiation définitive ?

Un particulier, décédé en 1793, a laissé plusieurs héritiers, parmi lesquels se trouve un
prévenu d'émigration. Les propriétés étant in-
divises, le séquestre a été apposé sur le tout et
n'a été levé qu'après la radiation définitive du
prévenu, prononcée par arrêté du 29 vendémiaire an 9.

Aussitôt la levée du séquestre, le receveur a
demandé les droits d'enregistrement de la succession ; les héritiers s'y sont refusés sous le prétexte qu'ils étaient prescrits, la succession étant
ouverte depuis plus de 5 ans.

La contestation, portée devant le tribunal de
Strasbourg, il a décidé, par jugement de 27
germinal an 9, 1°. qu'il n'y avait pas de prescription ; 2°. que les droits étaient dûs suivant
la loi du 22 frimaire an 7.

Ce jugement confirme notre opinion,
émise article 618 de notre journal, où nos motifs sont développés, et consacre le principe que
la date de l'ouverture d'une succession, relativement aux droits d'enregistrement, est dans
tous les cas celle où la transmission s'effectue
complettement par la possession de l'héritier ;
conséquemment, la prescription ne peut courir
que de cette époque, par le motif qu'un droit

qui ne peut pas être exercé, ne peut pres-
crire.

ART. 829.

DÉPÔTS FORCÉS.

*Lorsque les parties intéressées refusent ,
sur la contrainte du préposé de l'administration de l'enregistrement , d'effectuer à la trésorerie nationale , un dépôt
dans les cas prévus par la loi du 23 septembre 1793 , est-ce à ce préposé à faire
les poursuites ultérieures , ou cette obligation ne concerne-t-elle que la trésorerie nationale ?*

L'article 7 de cette loi porte : ,, Les préposés
,, de la régie de l'enregistrement sont chargés de
,, surveiller le versement desdits dépôts , et de
,, poursuivre les dépositaires qui ne se seraient
,, pas conformés à la loi dans les délais prescrits,
,, sous peine d'être garants et responsables des
,, pertes qui pourraient resulter de leur négli-
,, gence. ,,

Cet article a été interprêté différemment par
les préposés de la régie , et par ceux de la trésorerie.

Les premiers ont pensé qu'ils n'étaient tenus
que de surveiller le versement des dépôts , de
décerner à cet effet les contraintes nécessaires ,

mais que s'il s'élevait à cet égard une instance, c'était à la trésorerie qui conservait les fonds à défendre.

Mais les dispositions de la loi font assez connaître que l'intention du législateur a été que la régie fût chargée des poursuites ; celle-ci remplace les receveurs des consignations à qui cette obligation était imposée. Elle a des préposés dans tous les chef-lieux de canton, avantage que la trésorerie n'a pas.

D'après ces motifs, le ministre des finances a rendu, le 4 floréal an 9, la décision suivante :

,, En conformité de l'article 7 de la loi 23 ,, septembre 1793, la régie de l'enregistrement ,, continuera de surveiller le versement des dé- ,, pôts dans les caisses publiques, et de faire ,, poursuivre les contrevenans, *sauf à tenir* ,, *compte à cette administration des frais et dé-* ,, *boursés que pourront occasionner ces poursuites.* ,,

ART. 830.

PRESCRIPTION.

La suspension de la prescription pendant cinq an-
nées, ordonnée par la loi au 6 juillet 1791,
pour les rentes dues à la nation, peut-elle encore
être réclamée ?

La circulaire de l'administration, du 25 pluviose an 7, n°. 1492, qui établit des bases pour la liquidation des arrérages de rentes, a paru, avant qu'il y eût cinq années révolues depuis la suspension. Elle ne peut plus servir de règle pour les rentes constituées ; elle doit même être modifiée pour les rentes foncières.

C'est donc une question à examiner :

La loi du 6 juillet 179t est ainsi conçue : « La prescription contre la nation, pour raison des droits corporels ou incorporels des domaines nationaux, est, » et demeurera suspendue depuis le 2 novembre 1789, » jusqu'au 2 novembre 1794, sans qu'elle puisse être » alléguée, pour aucune partie du tems qui se sera » écoulé pendant le cours desdites cinq années. »

Le décret du 20 août 1792 contient les dispositions suivantes :

« Art. Ier. Les arrérages à échoir des cens, rede-» vances, même de rentes foncières, ci-devant per-» pétuelles, se prescriront à l'avenir par cinq ans, à » compter du jour de la publication du présent décret, » s'ils n'ont été conservés par la reconnaissance du re-» devable ou par des poursuits judiciaires.

» II Néanmoins, la prescription pour des droits » corporels et incorporels appartenans à des particu-» liers, est et demeurera suspendue depuis le 2 no-» vembre 1789 jusqu'au 2 novembre 1794, sans qu'elle » puisse être alléguée pour aucune partie du tems qui » se sera écoulé pendant le cours desdites cinq années, » soit pour le fonds desdits droits, soit pour les arré-» rages, conformément à ce qui a été décrété à l'égard » des mêmes droits appartenant à la nation, par le dé-» cret du premier juillet 1791.

» IV. Toutes les dispositions du présent décret se-» ront également communes à tous les droits fixes ou » casuels, de quelque nature que ce soit, appartenant

» ou qui appartiendront à la nation , ou qui dépendaient
» des domaines de la couronne. »

Si l'on ne s'arrêtait qu'aux expressions de ces lois,
et si on voulait les prendre à la lettre, on devrait encore répéter aujourd'hui pour les rentes qui, d'après
les anciennes lois, prescrivaient par cinq ans, les cinq
années d'arrérages échus du 2 novembre 1789 au 2 novembre 1794. Il est dit en effet, dans la loi, que la
prescription ne pourra être opposée à la nation, *pour
aucune partie du tems qui se sera écoulé pendant le
cours de ces cinq années.* Ainsi, on devrait répéter les
années échues de 1789 à 1794 ; et les 5 dernières années
courues depuis l'année 1796 jusqu'à l'année courante
1801 ; et dans cinquante ans on répéterait encore ces
mêmes cinq années échues de 1789 à 1794. On ne peut
croire que telle ait été l'intention du législateur.

Il répugne de penser qu'on exigera à perpétuité les
arrérages échus de 1789 à 1794, et que ce période de
tems sera pour toujours soustrait à l'empire de la prescription, tandis qu'elle s'étend même sur les capitaux.
En effet, d'après le droit commun, le capital d'une
rente constituée est prescrit, après trente années écou-
lées, sans qu'il ait été formé aucune demande légale
des arrérages. Il pourrait donc arriver que le capital
d'une rente due à la nation, serait frappé de prescription,
et qu'on exigerait néanmoins le paiement des arrérages
échus de 1789 à 1794. Une telle conséquence ne saurait
être admise ; il faut donc chercher l'esprit de la loi et
ne pas s'arrêter à la lettre.

Le sens le plus naturel qui se présente, c'est que la
suspension ayant cessé en 1794, les arrérages des cinq
années pendant lesquelles elle a duré, sont redevenus
soumis à la prescription, à compter de 1795. Il en ré-

sulte que si la demande n'en a pas été faite pendant les cinq années suivantes, les arrérages sont prescrits, et qu'à dater de cette prescription acquise, l'on ne peut plus exiger que 5 années, pour ce qui concerne les rentes constituées.

La même décision s'applique aux rentes foncières avec cette seule différence que la prescription de 5 ans n'ayant été introduite à leur égard par la loi du 20 août 1792 que pour *les arrérages à échoir*, ceux antérieurs à cette époque ont continué de pouvoir être demandés pendant 29 ans.

ART. 831.

DOMAINES ENGAGÉS.

Les engagistes peuvent-ils être admis à payer en rescriptions de la trésorerie nationale, le quart de la valeur des domaines engagés par eux soumissionnés en exécution de la loi du 14 ventose an 7 ?

L'arrêté des consuls, du 18 fructidor an 8, n'est pas applicable aux domaines engagés : en conséquence, la demande des engagistes, tendante à être admis à payer en rescriptions de la trésorerie nationale, le quart de la valeur des domaines par eux soumissionnés en exécution de la loi du 14 ventose an 7, n'est pas admissible, ils doivent se conformer au mode de paiement déterminé par cette loi.

(Décision du ministre des finances, du 4 germinal an 9.)

ART. 832.

ENREGISTREMENT.

DÉCLARATION DE SUCCESSION.

Suite de l'article sur la dictinction des biens propres de communauté.

9°. Ce qui tient à un héritage, par une union réelle et naturelle, en suit la nature, parce qu'il ne fait qu'un seul et même corps, qu'une seule et même choze avec l'héritage auquel il est uni. Ainsi, un édifice est construit sur un propre de communauté ; l'union de cet édifice avec le propre est telle qu'elle peut être regardée comme naturelle ; tous les auteurs conviennent que l'édifice suit la propriété du fonds, suivant la maxime *superficies solo cedit.* Cependant comme cette union naturelle a été déterminée par une cause morale et civile, qui est la construction, le conjoint à qui reste l'héritage est obligé d'indemniser la communauté d'une moitié de ce qu'il en a coûté pour parvenir à cette construction. Supposons que l'héritage appartienne au mari et que la femme predécède ; ses héritiers, s'ils

acceptent

acceptent la communauté, seront tenus de dé‑
clarer moitié de la somme qu'il en aura coûté
pour la construction et dont le mari leur doit
récompense, mais dans le cas de renonciation
à la communauté, ils ne seront obligés à au‑
cune déclaration à cet égard, parce que alors
tout ce qui dépendait de la communauté, ap‑
partient au mari.

10°. Les immeubles, quoique acquis pendant
la communanté, en sont propres, par la fiction
de la subrogation, lorsqu'ils ont été acquis à la
place d'un propre de communauté et pour en
tenir lieu. Exemple : Trajan et Béatrix sa
femme acquièrent par échange un héritage en
contre‑échange d'un immeuble qui était propre
de communauté à Béatrix ; l'héritage acquis
prend la qualité du propre échangé, et par
conséquent ne forme point de conquêt. Il ap‑
partient en entier à la femme qui, venant à
décéder, ses héritiers sont obligés d'en com‑
prendre la totalité dans leur déclaration. S'il
avait été tiré une somme de la communauté
pour un retour en argent auquel l'échange au‑
rait donné lieu, les héritiers de Trajan, s'il
prédécédait Béatrix, seraient tenus de déclarer
la moitié de ce retour, dont cette dernière doit
récompense, et même la totalité, si elle avait
renoncé à la communauté.

Autre exemple : Un bien propre de Trajan
est vendu ; s'il s'est réservé par le contrat d'employer le prix de son propre aliéné, en achat
d'un ou de plusieurs autres héritages, et qu'ef-
fectivement cet achat ait été fait, les héritages
nouvellement acquis, avec déclaration d'emploi
de deniers, lui tiennent lieu du propre vendu et
lui appartiennent privativement. Observez cependant, que si le prix de cette nouvelle acqui-
tion excédait de beaucoup le prix de l'aliénation, les nouveaux objets acquis ne seraient
propres que jusqu'à concurrence de la somme
pour laquelle Trajan aurait aliéné son propre,
et ils seraient conquêts pour le surplus. Cet
excédent est déterminé au tiers en sus du prix
de la première acquisition.

A R T. 833.

DÉCLARATIONS PAR LES RELIGIEUSES.

*Les actes de renonciation à la pension des
ex-religieuses et de soumission des parens, prescrits par l'arrêté des consuls
du 27 nivose an 9, doivent-ils être passés
devant notaire ?*

L'arrêté du 27 nivose an 9 porte que ces actes
seront faits *en bonne et due forme*, on en a conclu
qu'ils devaient être notariés, c'est pourquoi la
circulaire n°. 1972 a donné cette interprétation;

mais la circulaire n°. 2012 ayant expliqué que
ces actes ne sont que la suite d'une mesure administrative, a implicitement déclaré qu'ils pouvaient être passés devant les corps administratifs,
et le ministre des finances a décidé la question
le 12 prairial dernier en ces termes :

« Les déclarations et soumissions prescrites
,, par l'arrêté des consuls du 27 nivose an 9,
,, relatif aux renonciations des ex-religieuses à
,, leurs pensions dé retraite pour affranchir leurs
,, parens du paiement de leur dot, étant des
,, actes purement administratifs, doivent être
,, faits au secrétariat de la préfecture, ou de-
,, vant le sous-préfet. ,,

A R T. 834.

P O U R S U I T E S.

*Les contraintes pour le recouvrement des
droits, doivent être visées et rendues
exécutoires.*

L'article 64 de la loi du 22 frimaire an 7 veut
que les contraintes soient visées et *rendues exécutoires* par le juge de paix du canton où le bureau
est établi.

Il ne suffit donc pas qu'elles aient été visées,
il faut encore qu'elles soient rendues exécutoires.
C'est pourquoi une contrainte qui n'avait été que

visée par le juge de paix a été déclarée nulle. On ne peut pas apporter trop de précaution pour régulariser les actes de poursuites : le moindre inconvénient qui résulte de l'omission de quelques formalités, c'est d'être obligé de supporter personnellement les frais.

A R T. 835.

Peut-on, d'après la loi du 27 ventose an 9, saisir les revenus des biens d'une succession échue avant le 22 frimaire an 7, mais vendus depuis, pour le paiement des droits de cette succession ?

Quelques-uns ont conclu l'affirmative de l'article premier de la loi du 27 ventose, qui porte que les droits d'enregistrement seront perçus et liquidés d'après les fixations établies par la loi du 22 frimaire, mais c'est une fausse induction. L'article premier de la loi du 27 ventose porte seulement que les droits seront liquidés et perçus suivant les fixations établies par celle du 22 frimaire an 7 ; mais cette disposition est purement réglémentaire de *la quotité* des droits, elle ne peut donner d'action sur les revenus, sans donner un effet rétroactif à la loi du 22 frimaire an 7. Nous estimons, en conséquence, que l'on ne peut employer l'action sur les revenus, non-seulement pour les mutations de biens immeu-

bles effectuées avant la loi du 22 frimaire an 7 ,
qui se trouvent dans des mains étrangères par
la vente qu'en ont faite les héritiers , mais encore
pour les mutations de la même espèce de biens
dont les héritiers sont restés en possession.

ART. 836.

TIMBRE

*Les mandats des préfets poor rembourse-
ment des ports de lettres & des commissaires du gouvernement et autres fonctionnaires publics , doivent-ils étre sur du
papier timbré ?*

Non. Ce sont des avances faites pour un service public par des commissaires ou agens du
gouvernement, dont ils doivent être indemnisés
intégralement. Si la loi du 13 brumaire an 7 sur
le timbre , excepte de la formalité les quittances
de traitement et émolumens de ces fonctionnaires , elle doit , à plus forte raison , en excep-
ter les mandats dont il s'agit, car les lettres don
la taxe est à rembourser , concernent uniquement
ment les fonctions publiques de ces agens,
et ils n'en retirent personnellement aucun avantage. (*Opinion des Rédacteurs.*)

ART. 337.

Les ordonnances de décharge ou réduction du droit de patente, sont-elles assujetties au timbre ?

Le ministre des finances, consulté sur cette question par le préfet du département de l'Aisne, a répondu le 18 du courant en ces termes :

La loi du 13 brumaire an 7 n'accorde pas d'exemption du timbre pour les arrêtés ni pour les ordonnances relatives à aucune contribution ; elle veut, au contraire, que les expéditions délivrées aux parties de tous les actes des administrations soient sur papier timbré, et même qu'elles ne puissent être écrites sur du papier inférieur à 75 centimes, lorsqu'il existe des minutes de ces actes, elle n'autorise à cet égard aucune distinction à raison du plus ou du moins de l'importance des objets.

Mais il est un moyen, puisé dans cette même loi, d'éviter les frais inutiles aux redevables, c'est de se conformer pour les contributions directes à l'article 3 de l'arrêté du 24 floréal an 8, qui veut que les ordonnances soient remises au directeur pour les faire parvenir aux percepteurs.

Quant aux patentes, lorsque le directeur des contributions directes aura reçu les ordonnances et en aura fait mention sur ses états, il les remettra au directeur de l'enregistrement qui les fera parvenir au receveur des patentes , l'entremise du contrôleur et du receveur étant inutile pour cet objet. De cette manière, il y aura lieu à l'exemption du timbre prononcée par l'article 16 de la loi du premier brumaire an 7 , pour les actes délivrés aux fonctionnaires publics ; mais si , par des motifs quelconques , des redevables requerraient la délivrance pour eux-mêmes des arrêtés ou des ordonnances de décharge, il faudrait nécessairement que les expéditions ou *duplicata* fussent écrits sur papier timbré , quelque modique qu'en fut l'objet , et quand même les arrêtés et ordonnances n'auraient fait que rectifier des erreurs des répartiteurs ou des administrateurs et employés. La formalité du *visa* pour timbre ne peut avoir lieu en pareil cas.

A R T. 838.

RÉCLAMATIONS POUR CONTRIBUTION DES PORTES ET FENÊTRES.

Doivent-elles être écrites sur papier timbré ?

L'article 16 de la loi du 4 frimaire an 7 qui ordonne que les différends qui pourront s'élever sur la contribution des portes et fenêtres seront décidés par simple mémoire et *sans frais* par les administrations municipales , un préfet avait conclu que les réclamations ou mémoires en décharge pouvaient être écrits sur papier non timbré ; il avait considéré que le droit de timbre excéderait quelquefois l'objet de la réclamation, ce qui priverait le propriétaire lézé de la faculté de demander le redressement de sa taxe.

Le ministre des finances lui a marqué le 18 prairial an 9, que la loi du 13 brumaire an 7 assujettit indistinctement au timbre toutes les pétitions autres que celles désignées au douzième alinéa de l'article 16, sans exception pour celles qui n'ont pour objet que des sommes modiques. Que la dispense des frais ne peut frapper sur le timbre, dont l'exemption ne doit avoir lieu qu'autant qu'elle est nominativement prononcée. Qu'ainsi, dès qu'il est présenté une pétition pour les portes et fenêtres, comme pour toute autre contribution, elle doit nécessairement être sur papier timbré, quelque modique que soit l'objet de la réclamation.

ART. 839.

HYPOTHÈQUES.

La perception du droit de transcription doit-elle suivre les sommes et valeurs de vingt francs en vingt francs inclusivement et sans fraction ?

La loi du 27 ventose an 9 le prescrit pour les droits d'enregistrement, et ne s'explique pas pour ceux de transcription. Mais son silence ne peut point faire de difficultés. En effet, l'article 15 de la loi du 21 ventose an 7, porte que les droits de transcription seront d'un et demi pour cent du prix intégral des mutations, suivant qu'il aura été réglé à l'enregistrement ; la liquidation des droits de transcription doit donc suivre les mêmes règles que celles établies pour la liquidation des droits d'enregistrement, et comme ceux-ci se liquident de 20 francs en 20 francs sans fraction, et qu'il ne peut être perçu moins de vingt-cinq centimes pour l'enregistrement des actes dont les valeurs ne produiraient pas vingt-cinq centimes de droit proportionnel : il doit en être de même pour la liquidation des droits de transcription. Voir au surplus notre supplément au Dictionnaire sur l'enregistrement, *verbo Fraction* et *Inclusivement.*

ART. 840.

DOMAINES NATIONAUX.

COMPENSATION.

Un particulier débiteur envers la république

d'une rente hypothéquée sur une propriété
dont il a hérité , et en même temps créan-
cier direct pour une rente inscrite au
grand livre , peut-il être admis à compen-
ser ces deux rentes ?

On avait pensé que ce particulier ne pouvait compenser la rente dont il est débiteur
qu'avec une autre rente qui appartiendrait aussi à
la succession dont il est héritier ; le préfet avait
rejetté la demande en compensation. Ce particulier , en réclamant contre cette décision , a
exposé qu'il était créancier direct, puisqu'il
représentait son auteur pour le paiement d'une
rente nationale , et que cette condition était
la seule exigée par la loi.

Sa réclamation , fondée sur les principes, a
été accueillie , et un arrêté des consuls du 9
prairial an 9 l'a admis à la compensation.

A R T. 841.

Réparations à des biens indivis ou sé-
questrés.

Les préposés de l'administration des domaines
ne doivent jamais requérir des réparations sur
les biens séquestrés ou confisqués au-delà des
sommes *dues* ou *près de l'être* par les fermiers ;
ils sont également tenus de demander formelle-

ment aux préfets qu'il n'y ait adjudication qu'à
la charge par l'adjudicataire d'*être payé par le fer-*
mier et lors de l'échéance des fermages. (Lettre du
ministre des finances, du 11 floréal an 9, à
l'administration des domaines.)

A R T. 842.

P R E S C R I P T I O N.

L'inscription prise aux hypothèques dans
un lieu où les débiteurs d'une rente n'ont
point de propriété, suffit-elle pour inter-
rompre le cours de la prescription ?

Un particulier doit à la république comme
représentant une corporation supprimée, des
rentes dont les arrérages n'ont pas été payés depuis plus de cinq ans ; mais dans l'intervalle de
ces cinq années, le conservateur des hypothèques
avait, conformément à la loi, pris une inscription dans un département où le débiteur n'a pas
de propriété ; celui-ci réclame la prescription ;
est-il fondé ?

Non. L'inscription prise aux hypothèques pour
sûreté tant du principal que des intérêts d'une
rente due à la république, quoique faite dans
un lieu où les débiteurs n'ont aucune propriété,
n'en est pas moins un acte conservatoire qui a
suffi pour interrompre le cours de la prescrip-

tion. (Décision du ministre des finances, du 4 prairial an 9.)

ART. 843.

ACTES DU GOUVERNEMENT.

Arrêté du 3 messidor an 9.

Les consuls de la république, sur le rapport du ministre des finances, le conseil d'état entendu, arrêtent :

Art. Ier. La quotité de la remise générale pour l'an 9 demeure fixée, conformément aux divisions portées au tableau ci-joint, à quatre pour cent sur le produit des droits d'enregistrement, timbre, patentes, hypothèques, greffes, amendes, droits sur les voitures publiques et les tabacs, droits de garantie sur les matières d'or et d'argent ; les frais de justice recouvrés, le revenu des biens saisis réellement ; le droit des expéditions des actes de l'état civil à Paris, les droits d'épaves et deshérence, les coupes de bois nationaux et attributions sur ceux des communes, et à un pour cent sur le produit des revenus et prix de vente des biens nationaux, meubles et immeubles, les créances recouvrées, remboursemens, et généralement toutes les recettes non désignées ci-dessus, autres que celles des droits de passe, et de décime par franc établi avec exception de remise par la loi du 6 prairial an 7.

A compter de l'an 10, les produits des coupes de bois nationaux, et de l'attribution sur ceux des communes, seront assimilés pour la fixation des remises

aux produits des revenus et prix de ventes des domaines nationaux.

. II. Les recettes en billets du syndicat ne seront tirées, comme en l'an 8, pour la liquidation de la remise générale , qu'à raison de soixante pour cent;
celles en tiers consolidé à raison de vingt pour cent; et
celles en deux tiers mobilisés à raison d'un et demi
pour cent de leur montant valeur nominale. La même
fixation aura lieu pour la liquidation des remises particulières des receveurs pendant l'an 9.

III. Les produits ne seront comptés qu'à la déduction des restitutions de droits et de revenus de biens
nationaux , des paiemens aux co propriétaires des ca-
naux ou co-partageans de biens indivis et aux créanciers des biens saisis réellement, des remboursemens
d'amendes et portions de droits de patentes attribuées,
des droits et remises des greffiers , des traitemens et
dépenses des contrôleurs et essayeurs de la marque
d'or et d'argent , des traitemens des officiers de l'état
civil, à Paris , des prix d'achat des papiers à timbrer ,
des timbres et filigranes, enfin des remises allouées
aux receveurs et frais d'exercice des bureaux de perception.

IV. Cette remise sera , tant pour le traitement des
administrateurs et préposés dénommés au tableau ci-
annexé, que pour les frais des registres , impressions
et reliures , ceux des ports de lettres et ballots, les
menues dépenses du timbre , les frais de poursuites
supportés par la régie, les frais de tournée en remplacement des inspecteurs malades , ceux de tournée des
administrateurs , et les dépenses de l'administration
centrale ; ensorte que la somme à laquelle s'élèveront

ces frais et dépenses, sera prélevée sur le total de la remise, et le surplus sera réparti entre lesdits administrateurs et préposés dans la proportion portée audit tableau, et sous la déduction de leur *minimum* ou traitement fixe.

V. Il sera payé dans le courant du quatrième trimestre de la présente année, un à-compte de moitié sur le complément présumé de la remise générale, savoir, un quart dans le mois de messidor, et un autre quart à la fin de fructidor. La liquidation définitive de ladite remise sera arrêtée, après l'année expirée, à la vue des extraits certifiés des comptes en recette et dépenses des directeurs.

VI. A compter de la présente année, le *minimum* des frais de commis et de bureaux pour les directions dont les produits susceptibles de remises ne se sont pas élevés à un million, ou qui ont moins de douze bureaux d'enregistrement et de domaines, sera de deux mille francs seulement, tel qu'il était réglé par l'article 19 de l'arrêté du 29 vendémiaire an 6.

VII. Il pourra être passé, à compter de l'an 9, sur l'économie opérée par l'article précédent, à la régie, pour être employée, sur l'autorisation du ministre des finances, une somme de 12,000 fr., laquelle sera répartie entre les directeurs dont les travaux exigeront des dépenses de bureaux extraordinaires, à titre de supplément de frais de bureau.

VIII. Le ministre des finances est chargé de l'exécution du présent arrêté qui sera inséré au Bulletin de lois.

Le premier consul, signé, BONAPARTE.
Par le premier consul,
Le secrétaire d'état, signé, H. B. MARET.
(*Extrait du Moniteur.*)

Nota. D'après cette fixation, il est présumable que la remise sera à-peu-près la même que celle de l'année dernière.

ART. 844.

ENREGISTREMENT.

DÉCLARATIONS D'APPEL EN MATIÈRE DE POLICE CORRECTIONNELLE.

Un particulier condamné par un tribunal correctionnel, sur la réquisition du ministère public, sans partie civile, a fait, au greffe, sa déclaration d'appel; cet acte est-il sujet à la formalité de l'enregistrement?

L'art. 194 du code des délits et des peines, du 3 brumaire an 4, porte : « Le condamné, la » partie plaignante, ou le commissaire du » pouvoir exécutif qui veulent appeler, sont » tenus d'en passer leur déclaration au greffe » du tribunal correctionnel, le dixième jour » au plus tard, après celui qui suit la pronon- » ciation du jugement. » Il n'est pas fait mention dans cet article de la formalité de l'enregistrement.

D'un autre côté, la loi du 22 frimaire an 7, qui contient la nomenclature des déclarations d'appel soumises à l'enregistrement, ne s'explique point sur celles en matière de police correctionnelle. On peut même induire de

quelques-unes de ses dispositions , que ces dernières déclarations sont exemptes de la formalité , lorqu'il n'y a point de partie civile. En
effet, l'article 7 veut que les jugemens de la police correctionnelle , ne soient soumis à l'enregistrement que sur les expéditions , *lorsqu'il
y a partie civile*, et seulement pour les expéditions requises *par elle ou autres intéressés*. Le
nombre 48 , paragraphe premier de l'article 68 ,
n'y assujettit les jugemens de tribunaux de police correctionnelle , que lorsqu'ils sont rendus
entre particuliers, soit sur la poursuite du ministère public , *avec partie civile* ; et le nombre 9 ,
paragraphe 2 de l'article 69 de la même loi , ne
soumet au droit proportionnel d'enregistrement, ces jugemens , que lorsqu'ils sont rendus
entre particuliers ; ainsi , il paraît résulter du
texte de là loi , qu'une déclaration d'appel faite
par un prévenu , n'est point sujette à l'enregistrement, *quand il n'existe pas de partie civile*,
et qu'il n'a pour adversaire que le *ministère
public.*

(*Opinion des Rédacteurs.*)

A R T. 845.

PARTAGE AVEC LA RÉPUBLIQUE.

*Un héritier républicole est chargé , par
l'effet d'un partage , du paiement de
toutes*

toutes les créances liquidées , à la charge
de la succession , d'après l'article 12 de
la loi du 16 thermidor an 7 , il lui a été
délivré des immeubles pour sa portion
afférante dans la succession , et pour la
valeur des créances. Cette disposition
donne-t-elle ouverture au droit propor-
tionnel ?

Quelques-uns ont prétendu que l'abandon
d'immeubles à la charge du paiement des
dettes, est une cession ou vente dont le prix
est le montant des dettes à payer , que cette
clause sort des règles ordinaires de partage avec
la république , et ne peut , par conséquent ,
jouir de l'exemption accordée par la loi du 22
frimaire an 7 , que le républicole ne devient
propriétaire du fonds que par la cession qui lui
est faite , qu'il y a véritablement mutation pour
laquelle le droit proportionnel d'enregistrement
est exigible.

Cette opinion n'est pas fondée. L'acte ou
l'arrêté d'un préfet, dont nous avons posé l'espèce , ne doit être considéré que comme un
mode de partage, qui doit jouir de l'exemption
accordée par l'article 70 , nombre premier , paragraphe 2 de la loi du 22 frimaire an 7 , aux
partages des biens entre la république et des
particuliers , *et à tous autres actes faits à ce*

sujet. La disposition de cet article est expresse, et on ne peut s'en écarter. La Régie l'a ainsi décidé le 23 prairial an 9.

ART. 846.

AMENDES.

Celles prononcées pour contravention aux droits de passe, doivent-elles appartenir sans distinction aux fermiers ou adjudicataires de ces droits ? Par qui doivent-elles être recouvrées ?

Ces questions semblent résolues par les instructions contenues dans la circulaire du 28 frimaire an 9. Mais il s'est élevé des réclamations, et le ministre des finances, dans une lettre écrite le 28 prairial an 9, au conseiller d'état chargé spécialement des ponts et chaussées, etc. a donné des explications qu'il est bon de connaître.

Il en résulte que les préposés à la perception des droits de barrière, soit pour la république, soit pour le compte des fermiers, doivent recevoir les amendes ou taxes fixes pour contravention à ces droits, dont la quotité est fixée par le titre 2 de la loi du 3 nivose an 6, quoique dans ces amendes il y en ait qui tiennent plus à la police qu'à la perception des droits, telles que celles relatives aux plaques.

Mais les amendes auxquelles des affaires relatives aux droits de passe peuvent donner lieu, ne doivent pas, sans distinction, être recouvrées par les percepteurs de ces droits. Par exemple, si pour des excès graves, un tribunal condamnait en vertu du code pénal à une amende supérieure aux 100 francs réglés par l'article 11 de la loi du 3 nivose an 6, le recouvrement devrait en être fait par le préposé de l'enregistrement et les fermiers seraient tout au plus fondés à réclamer de ceux-ci le versement jusqu'à concurrence de 100 francs, qui seraient considérés comme indemnité, si le jugement ne prononçait pas de dommages et intérêts, ou ne les renvoyait pas devant le tribunal compétent pour le faire régler.

Il en serait de même contre un employé concussionnaire aux termes de l'article 12 : dans ces deux cas, les amendes n'ayant pour objet que la vindicte publique.

Le ministre rappelle à ceux qui percevront ces amendes, l'obligation de compter du décime par franc aux préposés de l'enregistrement, qui doivent aussi recevoir celles au-dessus de 100 fr., prononcées pour des excès graves.

ART. 847.

AMENDES ET CAUTIONNEMENS.

Les notaires sont contraignables par corps au paiement des amendes prononcées contre eux pour contravention à la loi du 7 ventose an 8 , sur les cautionnemens. Avis du conseil d'état , du 14 pluviose an 9.

Le conseil d'état, qui , d'après le renvoi des consuls et sur le rapport de la section des finances , a discuté un rapport du ministre de la justice , sur la question de savoir si l'on peut user de la contrainte par corps contre un notaire successivement condamné aux amendes prononcées par la loi du 7 ventose an 8 , pour avoir continué et continuer encore d'exercer ses fonctions sans avoir fourni son cautionnement, et qui a été inutilement poursuivi pour le paiement de ces amendes , attendu qu'il n'a ni propriétés , ni meubles.

Est d'avis que la voie de la contrainte par corps , dans le cas dont il s'agit , est autorisée et légale.

Suivant l'ancienne jurisprudence , les amendes de *contravention* étaient exigibles par corps , même lorsque le jugement n'en faisait pas mention , parce qu'il ne s'agissait pas d'un simple droit, mais d'une infraction à la loi, que le contrevenant était personnellement tenu de réparer par le paiement de la peine prononcée ; et cette peine affectait ses biens et sa personne.

Cette jurisprudence subsiste encore aujourd'hui.

« Les amendes prononcées en matière de » police correctionnelle (dit l'article 41 de la » loi du 22 juillet 1791) emportent la contrainte par corps. »

La convention nationale, qui , par son décret du 9 mars 1793 , l'a abolie pour dettes, l'a maintenue , par un autre décret du 30 du même mois à l'égard des comptables , des fournisseurs ayant reçu des avances , et des autres débiteurs directs de la nation.

Elle avait si bien entendu n'abolir cette contrainte que pour dettes entre particuliers , qu'elle décréta , le 5 octobre suivant , que , jusqu'à la révision des lois pénales , le défaut de paiement des amendes prononcées par la police correctionnelle , ne pourrait entraîner qu'une détention d'un mois à l'égard de ceux qui sont insolvables.

Ainsi l'ancienne jurisprudence non-abrogée , la loi du 22 juillet 1791 , et les décrets des

3o mars et 5 octobre 1793, se fortifient mu-
tuellement, et ne permettent pas de douter que
la voie de la contrainte par corps ne soit légale
pour l'exécution des jugemens qui prononcent
les amendes pour contravention aux lois qui les
ont portées.

Les notaires qui exercent leurs fonctions en
contravention à la loi du 7 ventose an 8, et
contre lesquels les tribunaux appliquent correctionnellement les dispositions de l'article 8
de cette loi, sont donc contraignables par
corps au paiement des amendes encourues et
prononcées.

Vainement objecterait-on que l'article 41 de
la loi du 22 juillet 1791, n'est applicable
qu'aux délits spécifiés dans cette loi ; que le
décret du 5 octobre 1793 s'y rapporte uniquement; et que la contravention dont il s'agit
aujourd'hui, n'ayant pu y être ni indiquée,
ni prévue, il n'y a pas de lois d'après lesquelles on puisse user de la contrainte par
corps pour le cas proposé par le ministre de
la justice, celle du 7 ventose an 8, qui le
concerne, ne faisant aucune mention de cette
peine.

On répondra toujours avec raison que la
contrainte par corps n'a point été abolie dans
l'espèce; que l'article 41 de la loi du 22 juillet

1791 , doit être entendu généralement de toutes les amendes que les juges sont autorisés à prononcer correctionnellement, et que le cas des notaires contrevenans à la loi du 7 ventose an 8 , se trouve soumis aux dispositions de cet article, puisque c'est par la voie de police correctionnelle qu'ils sont et doivent être condamnés.

La loi du 15 germinal an 6 , qui a rétabli la contrainte par corps, et qui a eu spécialement en vue l'intérêt du commerce, rappelle aussi qu'elle a lieu pour versement de deniers publics et nationaux. Cette disposition appuierait, s'il en était besoin, celles ci-dessus citées ; mais elles suffisent pour faire demeurer constant qu'il n'y a aucune induction contraire à tirer du silence de la loi du 7 ventose an 8 , dès que la contrainte par corps était établie par les lois antérieures , et qu'elles s'appliquent évidemment aux contraventions qui sont l'objet de la question du ministre de la justice.

Le conseil d'état pense donc qu'il n'est nullement besoin de provoquer une nouvelle loi sur cette matière, et que les notaires sont contraignables par corps au paiement des amendes prononcées contre eux pour contravention à l'article 8 de la loi du 7 ventose an 8.

ART. 848.

DOMAINES NATIONAUX.

RENTES POUR FONDATIONS.

*Les rentes créées pour fondations doivent
être acquittées quoique l'objet de la fondation ne soit point rempli.*

Jugement de cassation contre le cit. James et
sa femme.

Du 13 Prairial an 9.

James et sa femme sont débiteurs envers la
république, comme étant aux droits des fa-
briques, d'une rente pour cause de fondation ;
ils en ont personnellement passé un titre nouvel
le 18 mars 1787.

Sur la demande qui a été faite du paiement de cette rente, James et sa femme ont
formé opposition, sur laquelle est intervenu
jugement du tribunal de Valogne, au département de la Manche, en date du 27 messidor an 8, par lequel les opposans sont affran-
chis du paiement de ladite rente.

Le tribunal de cassation, vu l'article premier
de la loi du 26 septembre 1791, portant :
« L'assemblée réserve à la législature d'établir
» les règles d'après lesquelles il sera statué sur

„ les demandes particulières qui pourraient
„ être formées en conséquence des clauses
„ écrites dans les actes de fondation. „

Vu aussi l'article premier de la loi du 13
brumaire an 2, ainsi conçu : „ Tout l'actif
„ affecté à quelque titre que ce soit, aux fa-
„ briques des églises, ainsi qu'à l'acquit des
„ fondations, fait partie des propriétés na-
„ tionales. „

Vu enfin l'article 3 de la même loi, „ sui-
„ vant lequel la Régie de l'enregistrement
„ poursuivra la rentrée de toutes les créances
„ qui se trouveront dans cet actif. „

Et attendu qu'en renvoyant même, quant
à présent, James et sa femme de la demande
dirigée contr'eux par la Régie de l'enregistrement, sous le prétexte que la fondation, à
cause de laquelle avait été créée la rente dont
il s'agit, n'était plus desservie ; le jugement
attaqué est contrevenu expressément aux articles ci-dessus cités.

Par ces motifs, le tribunal casse et annulle
le jugement en premier et dernier ressort,
rendu le 27 messidor an 8, par le tribunal de
Valogne.

A R T. 849.

A R R Ê T É D E S C O N S U L S,

Du 7 messidor an 9.

Les consuls de la république, vu l'arrêté

du conseil de préfecture du département des Bouches-du-Rhône , du 16 floréal dernier , soumis par le préfet à l'approbation de l'autorité supérieure , ledit arrêté portant que la citoyenne Fajon , veuve Pessen , est déchargée , en la qualité qu'elle agit , du paiement de l'intérêt des intérêts , sauf l'approbation du ministre des finances , et qu'il n'y a lieu à délibérer sur le surplus de sa réclamation.

Considérant que , par l'article 3 de la loi du 28 pluviose an 8 , le préfet est chargé seul de l'administration , et que par l'article 4 la juridiction des conseils de préfecture , en matière de domaines nationaux , est limitée en contentieux , et que n'y ayant rien de contentieux dans l'affaire dont le conseil de département des Bouches-du-Rhône s'est attribué la connaissance , il a excédé les bornes de son pouvoir.

Considérant de plus que sa décision , au fond , est contraire au décret du 30 août 1792 , portant que toute somme due par les acquéreurs de biens nationaux , tant en intérêts qu'en capitaux , qui n'aurait pas été acquittée à l'échéance fixée par la loi , doit intérêt depuis le jour de ladite échéance , jusqu'à celui de l'acquittement ; le conseil d'état entendu , arrêtent :

Art. Ier. L'arrêté du 16 prairial an 9, est annullé, comme incompétent et comme contraire au décret du 30 août 1792; en conséquence, la dame Fajon, veuve Pessen, est tenue, en conformité dudit décret, de payer l'intérêt des intérêts non acquittés par elle à l'échéance.

Le premier Consul, *signé* BONAPARTE.

Par le premier Consul,

Le secrétaire d'état, *signé* H. B. MARET.

ART. 850.

ENREGISTREMENT.

MUTATION PAR DÉCÈS.

Dans le n°. 82 des Instructions Décadaires, article 713, nous avons agité la question de savoir, si lorsqu'un héritier a vendu l'immeuble dont il a hérité, avant d'avoir acquitté le droit d'enregistrement résultant de cette mutation par décès, les préposés de l'administration ont action sur les revenus de cet immeuble, pour le paiement de ce droit, quoique l'acquéreur ait fait transcrire son contrat d'acquisition. Nous avons embrassé l'affirmative, fondé sur ce que la loi du 22 frimaire an

7 accordé au trésor public une action sur le revenu des biens à déclarer, *en quelques mains qu'ils se trouvent.*

Cette disposition nous avait paru devoir produire l'effet d'une hypothèque légale sur les revenus ; hypothèque indépendante de la purgation opérée par la transcription des contrats d'acquisition.

Mais en examinant de nouveau la question, nous avons reconnu que cette opinion est erronnée, et que *la transcription du contrat ne permet aucun recours contre l'acquéreur.*

En effet, le code hypothécaire du 11 brumaire an 7, fixe la législation sur la partie importante des hypothèques, jusqu'à la publication du code civil qui doit statuer définitivement sur cet objet. Or, l'article 2 de ce code hypothécaire, veut que l'hypothèque ne prenne rang, et que les privilèges sur les immeubles n'aient d'effets que par leur inscription dans des registres publics. Il n'y a d'exception aux termes de l'article 11 de cette loi, que pour les frais de scellés et inventaires, la contribution foncière, les frais de la dernière maladie et d'inhumation et les gages des domestiques, et pour les portions que cet article détermine. Les droits d'enregistrement dont il s'agit, n'étant point dénommés dans les exceptions, il s'ensuit, qu'à défaut de l'inscription, qui ne peut être requise qu'en vertu d'un jugement ou autre titre en forme indiqué par la loi, on ne peut exercer aucune action, pour le recouvrement de ces droits, sur les revenus d'un immeuble dont le titre a été transcrit.

Le but du législateur, en circonscrivant dans des bornes étroites, les privilèges dispensés de l'inscription, a été de rendre certaine et facile la vérification de l'état de solvabilité des débiteurs ou emprunteurs. On ne peut ni on ne doit donner de l'extension à ces exceptions, parce que d'un côté ce serait anéantir la publicité des hypothèques, et que de l'autre, la loi ne le permet point.

ART. 851.

Inventaire commencé en 1793, discontinué, terminé en prairial an 9, et présenté à l'enregistrement dans les dix jours de la dernière vacation, quels sont les droits d'enregistremens à percevoir ? Le notaire a-t-il encouru une amende pour n'avoir pas fait enregistrer les premières vacations, dans les 10 jours de leur date ?

A l'époque des premières vacations, le droit proportionnel était dû sur les inventaires ; mais l'article premier de la loi du 27 ventose an 9, prescrit de liquider le droit d'enregistrement suivant les fixations établies par la loi du 22 frimaire an 7, *quelle que soit la date des actes à enregistrer*, et la loi du 22 frimaire an 7 établit un droit fixe de 2 francs par chaque vacation, on ne peut donc aujourd'hui exiger que le droit fixe de 2 francs par chaque vacation.

Quant à l'amende ; si le notaire avait négligé de faire enregistrer, dans les dix jours, une ou plusieurs vacations d'une date postérieure à l'avis qui lui a été donné, en exécution de la circulaire n°. 1737, on serait fondé à le poursuivre pour le paiement d'une amende de 50 francs par chaque vacation ; mais les négligences de ce genre, antérieures à l'époque de cette circulaire, ne sont point dans le cas de l'amende, elles étaient autorisées en quelque sorte par un usage assez généralement suivi, de ne faire enregistrer les inventaires que dans les dix, quinze ou vingt jours de leur clôture ; ainsi, si le notaire a présenté cet inventaire dans le délai fixé par la loi, à compter de la dernière vacation, il ne peut y avoir lieu de réclamer une amende.

Tel est notre avis, qui nous paraît fondé sur les instructions contenues dans la circulaire n°. 1737, desquelles il résulte que l'administration n'a pas jugé à propos de revenir sur ce

qui était fait antérieurement à cette circulaire.

ART. 852.

OBLIGATION.

*Pierre s'oblige de payer à Paul une somme
de 24,000 francs pour l'extinction d'une
rente viagère de 2,400 francs que devait
à ce dernier ledit Pierre, au profit de
qui la rente demeure éteinte ?*

On a prétendu qu'il n'était dû, sur cet acte,
qu'un droit de 50 centimes pour 100, comme
pour une quittance.

Mais on a observé qu'il offrait tous les caractères d'une obligation. En effet, promettre
de payer n'est pas payer. D'une part, le débiteur est libéré de la rente qu'il devait, et d'un
autre côté, le créancier a converti une rente
qui n'était pas remboursable en une créance
exigible à terme. On a encore ajouté que le
créancier venant à décéder avant l'époque fixée
pour le remboursement de l'obligation, ses
héritiers pouvaient en toucher le montant, ce
qui ramenait nécessairement l'idée d'une obligation.

Nous avons partagé cette opinion.

ART. 853.

Procuration à un avoué, portant révocation d'un autre.

On avait pensé qu'il était dû deux droits, l'un pour la révocation, et l'autre pour la procuration.

On fondait cette prétention sur ce que ces deux dispositions étaient indépendantes l'une de l'autre, sur ce qu'elles étaient distinctes, sur ce qu'enfin elles opéraient deux effets diamétralement contraires.

On était dans l'erreur. Il y a une telle dépendance dans deux dispositions de cette nature, que l'une est de l'essence de l'autre. Cela est si vrai, que, si la révocation n'était pas exprimée, l'ancien constitué pourrait agir dans la même affaire, concurremment avec le nouveau, et que d'ailleurs les tribunaux n'admettraient celui-ci à suivre l'affaire dont il serait chargé, qu'autant qu'il leur serait justifié de la révocation de l'avoué, qui occupait précédemment.

On ne peut donc exiger qu'un seul droit.

ART. 854.

ART. 854.

RÉSILIMENT.

Comment doit-on liquider le droit d'enre-gistrement d'un résiliment de bail pour 6 années qui restent à courir, fait en exé-cution de la faculté que les parties s'étaient réservées par le bail, de pouvoir le résilier à l'expiration des trois pre-mières années?

Dans les pays où les baux pour trois, six ou neuf ans sont en usage, on y stipule que les parties auront respectivement la faculté de pou-voir le résilier à l'expiration des trois ou six premières années, en s'avertissant trois ou six mois d'avance.

Lorsqu'on use de cette faculté, comment doit-on considérer l'acte qui opère le résiliment relativement à la perception du droit d'enregis-trement?

Il semble que le n°. 40 du paragr. premier de l'article 68 de la loi du 22 frimaire an 7, n'est point applicable à l'espèce, puisqu'il ne rap-pelle que les résilimens faits dans les 24 heures des actes résiliés.

En doit-on conclure que le résiliment dont il s'agit, doit être considéré comme rétrocession de bail? Nous ne le pensons pas.

Le bail fait sous la condition de pouvoir le résilier à l'expiration des trois ou six premières années, ne transmet pour les six dernières années qu'une jouissance précaire ; à la vérité, le droit se liquide sur le pied de neuf années, parce que la perception ne peut dépendre des événemens ultérieurs, mais les parties usant de la faculté qu'elles s'étaient réservée, l'acte qui contient leur détermination à cet égard, n'est qu'un acte pur et simple, il n'est que l'exécution d'une clause du bail, et il doit être rangé dans la classe de ceux compris sous le nombre 6 du paragraphe premier de l'article 68.

Et s'il est permis de raisonner par similitude, nous dirons que les retraits de réméré, attendu la faculté de rachat stipulée dans le contrat de vente, ne sont, par la loi, considérés que comme de simples rentrées en possession et seulement assujétis au droit de 5o centimes par 1oo francs, parce qu'ils contiennent quittance de remboursement du prix de la vente.

Par la même raison, les résilimens dont il s'agit n'opérant qu'une rentrée de jouissance en vertu d'une stipulation expresse dans le bail, cette rentrée doit être considérée comme pure et simple, et n'opérant pas une transmission sujette au droit proportionnel.

A R T. 855.

Les soumissions souscrites pour le service des inhumations, sont-elles sujettes au droit proportionnel ?

Non. D'après la nature particulière de l'entreprise dont il s'agit, la soumission qui la concerne ne doit pas être rangée dans la classe des actes désignés en l'article 69 de la loi du 22 frimaire an 7, et il y a lieu de n'exiger que le droit fixe sur cette soumission.

(Décision du ministre des finances, du 8 messidor an 9.)

A R T. 856.

TRANSMISSIONS D'IMMEUBLES ANNONCÉES VERBALES.

Jugement du tribunal civil de Chartres, (Eure et Loir,) du 17 germinal an 9.

Un particulier décédé en l'an 2 à Saint-Domingue, était inscrit au rôle de la contribution foncière de l'an 5, comme propriétaire d'une maison sise à Chartres. Cette indication a déterminé le receveur de l'enregistrement à former la demande des droits d'enregistrement résultans de la mutation.

On a opposé à cette demande que la maison dont il s'agit, avait été adjugée devant l'admistration à un particulier autre que le défunt, que l'inscription au rôle de la contribution n'avait pu accorder à ce dernier la propriété de ladite maison.

Il a été observé que le défunt avait payé, en son nom, et comme acquéreur, le prix de l'adjudication, qu'il paraissait constant que l'adjudicataire primitif lui en avait fait la revente, ou fait déclaration de command en vertu de la réserve insérée dans l'adjudication, que parconséquent, la mutation était prouvée.

Par ces motifs, le tribunal, conformément à la loi du 22 frimaire an 7, art. 12, a condamné la veuve au paiement des droits résultans de la mutation opérée entre son mari et le premier adjudicataire de la maison dont il s'agit, et en outre, à passer elle-même déclaration de tous les biens qu'elle a recueillis par le décès de sondit mari.

ART. 857.
PATENTES.
Descente de classe.

Un préfet a arrêté qu'un contribuable qui réclamera une descente de classe, devra jus-

tifier de l'acquit *provisoire* du droit attribué à
la classe à laquelle il serait réduit, si sa demande était admise, et qu'il ne pourra être
dispensé du paiement provisoire, qu'en jus-
tifiant d'un certificat d'indigence délivré dans
la forme prescrite. L'administration a recom-
mandé au directeur du département de....,
qui lui transmettait cet arrêté, l'exécution de
cette mesure, comme tendant à faciliter et à
accélérer le recouvrement des droits de patentes. Elle a observé, au surplus, que ces
droits étant acquittés d'après des rôles qui se
renouvellent chaque année, cette disposition
peut, sous ce rapport, être assimilée aux contributions directes, et qu'elle est susceptible,
comme celle-ci, d'être payée par à-compte,
dans les cas de réclamation, pour descente
de classe.

A R T. 858.
H Y P O T H È Q U E S.
D R O I T S D ' H Y P O T H È Q U E S.

Les erreurs de perception de droits d'hy-
pothèques au préjudice du trésor public,
prescrivent-elles par deux années comme
les droits d'enregistrement ?

On s'est fondé sur l'article 25 de la loi du

21 ventose an 7 , pour refuser d'acquitter une insuffisance de perception sur un droit de transcription , payé depuis plus de deux, ans.

L'article 25 de la loi du 21 ventose an 7 veut que le droit de transcription soit perçu suivant qu'il aura été réglé à l'enregistrement; mais il ne dit pas , et rien ne porte à conclure que la prescription des droits d'hypothéques est acquise dans les mêmes délais que pour les droits d'enregistrement. Nous estimons, en conséquence , que la prescription ne peut être opposée pour les droits d'hypothèques qu'après 30 années , non interrompues par des poursuites.

A R T. 859.

Quels droits percevoir pour les états d'inscriptions hypothécaires ou certificats négatifs à délivrer aux préfets pour connaître si les biens des comptables et de leurs cautions , sont libres ou grevés d'hypothèques ?

Le ministre des finances consulté par la régie sur cet objet, a répondu le 18 messidor an 9 , en ces termes :

Le seul moyen d'éviter aux préfets une avance qu'ils doivent d'autant moins supporter , qu'il ne serait pas naturel d'exiger des comptables le remboursement de ces frais, c'est d'admettre que ces états et certificats doivent être délivrés gratuitement.

J'estime, en conséquence, que les papiers destinés par les préfets à la délivrance de ces actes, doivent être visés pour timbre *gratis*, et que les conservateurs des hypothèques ne doivent avoir aucun salaire pour ces actes, dès qu'ils ne seront requis que pour l'intérêt de la république. Il importera, au surplus, que le *visa* indique la destination des papiers, et que les conservateurs fassent mention que les actes sont délivrés pour les préfets, afin qu'ils ne puissent servir à des particuliers.

***

A R T. 860.

D R O I T S D E G A R A N T I E.

Arrêté des Consuls, du 19 messidor an 9, qui accorde deux mois pour faire marquer, sans frais, les lingots d'or et d'argent.

Les consuls de la République, sur le rapport du ministre des finances; vu la loi du 19 brumaire an 6, relative à la surveillance du titre et à la perception des droits de garantie des matières et ouvrages d'or et d'argent, le conseil d'état entendu, arrêtent :

ARTICLE PREMIER.

Les propriétaires et porteurs des lingots d'or et d'argent affinés et mis en circulation avant la promulgation de la loi du 19 brumaire an 6, seront tenus de les porter, dans le délai de deux mois, à compter du jour de la publication du présent arrêté, au bureau de garantie le plus voisin, pour y être marqué, sans frais, d'un poinçon de récense qui sera déterminé par l'administration des monnaies.

I I.

Le délai de deux mois expiré, les articles 117, 118, 119, 120, 121 et 122 de la loi du 19 brumaire an 6, sont déclarés applicables aux lingots d'or et d'argent affinés, à quelque époque que ce soit, qui ne porteront pas l'empreinte du poinçon de récense, ou de ceux de garantie nationale établis par la loi.

I I I.

Le ministre des finances est chargé de l'exécution du présent arrêté, qui sera inséré au bulletin des lois.

Le premier Consul, *signé*, BONAPARTE.

Par le premier Consul,

Le secrétaire d'état, *signé*, H. B. MARET.

ART. 861.
COMPTABILITÉ.

REMISE D'UN RECEVEUR.

La recette des patentes a été réunie, dans un bureau, à celle des domaines; le receveur doit-il jouir de la remise attribuée par la première section de l'article 9 de la loi du 14 août 1793, aux receveurs de l'enregistrement et des droits du timbre et hypothèque, ou de celle attribuée par la deuxième section de ce même article, aux receveurs particuliers des domaines.

Cette dernière remise est celle qui doit lui être allouée, tant sur le produit des patentes que sur ceux des domaines. Il ne peut réclamer la première, sous prétexte de la réunion de la recette des patentes ; cette quotité dé remises ne doit être passée qu'aux receveurs de l'enregistrement, du timbre et des hypothèques, ou qui réunissent à ces parties, celle des domaines, car ce sont les seuls que la loi indique, et elle ne fait pas mention des patentes. A la vérité, l'administration n'était pas chargée de cette recette à l'époque où cette loi fut rendue, mais elle lui fut confiée par celle du 4 thermidor an 3 ; cependant l'arrêté du comité des finances du 4 brumaire suivant, pris en exécution du décret du même jour, n'a classé dans la première section, que les receveurs de l'enregistrement, timbre, hypothèque et saisies-réelles. Il en résulte que les receveurs des domaines qui sont en même-tems chargés de la recette des patentes, ne doivent jouir sur ces recettes cumulées que de la remise accordée aux receveurs des domaines, par la deuxième section de l'article 9 de la loi du 14 août 1793.

(*Opinion des Rédacteurs.*)

A R T. 862.

E N R E G I S T R E M E N T.

Actes judiciaires.

Un jugement qui, sur le vu d'une enquête, et d'après le rapport des experts, vérifie l'écriture et seing d'une lettre-de-change, est-il préparatoire ou définitif? Peut-on être admis à en appeller avant que la condamnation au paiement de ladite lettre ait été prononcée?

Ces deux questions subordonnées l'une à

l'autre , et qui ont fait la matière d'une in-
finité de controverses judiciaires devant les
tribunaux , ont été décidées pour la négative ,
par le tribunal de l'Arriège , dans cette hypothèse.

Le tribunal de cassation , au contraire ,
voyant dans le jugement de vérification de
l'écriture d'une lettre-de-change , les caractères
d'un jugement définitif, a pensé que l'appel
en était recevable avant la condamnation sur le
fond , et qu'on n'avait pu se prononcer pour la
négative , sans donner une extension abusive à
l'article 6 de la loi du 5 brumaire an 2 , où il
n'est question que de jugemens simplement
préparatoires. En conséquence , jugement du
21 messidor an 9 , qui casse celui rendu par le
tribunal de l'Arriège.

Ce point de droit se trouvait en quelque
sorte décidé par le nombre 7 du paragraphe 3 ,
de l'article 68 de la loi du 22 frimaire an 7 ,
quia classé les jugemens portant reconnaissance
d'écriture parmi ceux définitifs.

Mais il est une observation nécessaire pour
la perception du droit. Si le jugement contenait
uniquement reconnaissance d'écriture , il serait
dû le droit fixe de 3 francs, et s'il portait en
même-tems la condamnation , les deux dispositions se confondraient en une seule , et il ne

devrait être perçu que le seul droit proportionnel , s'il excédait le droit fixe.

A R T. 863.

JUGEMENT PORTANT REVENDICATION D'OBJETS VENDUS.

*Un négociant a vendu des marchandises ;
par le défaut de paiement , il obtient
un jugement qui l'autorise à se ressaisir
des objets vendus. De quel droit un jugement de cette espèce est-il passible ?*

La revendication ne peut être demandée
qu'à cause du vice que contient une vente, ou
de l'inexécution des clauses qui y sont expri-
mées ; ce principe posé, le jugement de l'espèce prouve que la vente dont il s'agit était
imparfaite, et il rentre par conséquent dans la
classe des résolutions pour cause de nullité
radicale , tarifées à 3 francs fixe par l'article 68 , paragraphe 3 , nombre 7 de la loi
du 22 frimaire an 7 , et 12 de celle du 27 ventose an 9.

A R T. 764.

B A U X.

*Comment doit-on liquider le droit d'enre-
gistrement d'un bail pour trois ans ,
moyennant une redevance de 10 francs ?*

Cette question a fait naître une diversité

d'opinions. Les uns ont prétendu qu'il n'était dû que 25 centimes. D'autres ont liquidé le droit de cette manière : sur les deux premières années montant à 20 francs, ... 25 c.

Sur la troisième de 10 francs , . . . 25 c.

_____

50 c.

_____

Cette dernière perception ne nous paraît pas régulière. En effet , l'article 3 de la loi du 27 ventose an 9 , est conçu en ces termes : « il ne » pourra être perçu moins de 25 centimes pour » l'enregistrement des actes et mutations dont » les sommes et valeurs ne produiraient pas » 25 centimes de droit proportionnel. »

En admettant , d'après cet article, que le moindre droit à percevoir sur chaque disposi- tion ou acte donnant lieu au droit proportion- nel, est de 25 centimes, c'est adopter le sens le plus favorable à la seconde perception , et cependant elle ne peut même se soutenir , puis- qu'il n'y a pas deux dispositions ; l'acte ne présente qu'une seule transmission ; quoique la liquidation soit faite à des quotités diffé- rentes en raison des années , il n'est dû, au fait, qu'un seul droit, il n'est donc pas pos- sible de percevoir comme s'il y avait deux dispositions indépendantes, et par cette raison il ne doit être exigé que 25 centimes.

A R T. 865.

DÉCLARATION DE SUCCESSION.

Le droit d'enregistrement payé pour la succession d'un absent, est-il restituable, si l'absent reparaît ?

On s'appuie pour se refuser à la restitution sur l'article 24 de la loi du 22 frimaire an 7, qui assujétit ces successions au paiement des droits dans le délai de six mois, à compter de la mise en possession, et sur l'article 60, conçu en ces termes : ,, Tout droit d'enregis-
,, trement perçu régulièrement en conformité
,, de la présente, ne pourra être restitué, quel-
,, que soient les évènemens ultérieurs, sauf les
,, cas prévus par la présente. ,, De ces deux articles on conclud que la loi n'ayant point, dans l'espèce, ordonné la restitution, il ne peut être restituable.

Malgré ce motif, nous pensons que le droit doit être restitué. En effet, l'article 12 de la loi du 19 décembre 1790, portait formellement qu'en cas de retour de l'absent, les droits se-raient restitués ; le même principe existait sous le régime du centième denier, et l'opinion contraire donne une extension forcée au silence de la loi nouvelle, car il n'y a point eu de véritable mutation ; les héritiers présomptifs de l'absent n'ont eu , par l'événement , qu'une simple administration , et ils sont tenus de rendre compte même des fruits ; conséquemment , ils ne doivent point supporter un droit pour une succession qu'ils n'ont pas recueillie.

ART. 866.

MUTATION PAR DÉCÈS.

Quels sont les droits à percevoir pour une succession ouverte en ligne directe , mais à laquelle les héritiers ont renoncé , et les créanciers ont fait nommer un curateur par autorité de justice ?

Les principes de solution de cette question se trouvent dans la circulaire n°. 1306 , qui porte que la renonciation du plus proche héritier fait passer aux parens en dégré plus éloigné , le droit de recueillir , et que la quotité du droit se règle par la section à laquelle est applicable le dégré de parenté qui suit immédiatement celui épuisé par la renonciation.

Envain on objecte que la succession est toujours censée directe , que le curateur représente les renonçans et non les appellés , qu'il faudrait que ceux-ci eussent accepté pour que le droit fût perçu suivant la section à laquelle ils sont applicables, et qu'il pourrait même arriver qu'il y eût défaillance d'héritiers.

Il est constant que la renonciation des héritiers directs épuise le degré de parenté en ligne directe ; elle transmet donc le droit de succéder aux héritiers collatéraux. Or ceux-ci l'acceptent, ou ne l'acceptent pas. S'ils l'acceptent, point de difficultés, le droit est dû comme pour une succession collatérale. S'ils n'acceptent pas, leurs droits d'hérédité passent à des étrangers, et le droit d'enregistrement est le même que pour les collatéraux. Si enfin la succession est abandonnée, elle appartient à la nation, et dans ce cas, le même droit doit encore être perçu sur les premiers deniers recouvrés pour la succession, sauf à rendre cette succession aux héritiers qui se seraient fait connaître dans le délai de l'ordonnance.

La loi du 22 frimaire n'admet point de quotités intermédiaires entre le droit d'un franc dû pour les successions directes, et celui de 5 fr. établi pour les successions entre collatéraux ou entre étrangers.

Ainsi dans tous les cas, on doit percevoir le droit de 5 francs.

ART. 867.

A R T. 867.

DÉSISTEMENT D'ACQUISITION.

Par un acte extra-judiciaire un acquéreur
a fait signifier à son vendeur qu'il se
désistait de son acquisition. Par un acte ,
aussi extra-judiciaire , le vendeur a fait
signifier à son acquéreur qu'il acceptait
son désistement. Et on a agité la ques-
tion de savoir si le paiement du droit de
4 pour 100 devait être exigé et poursuivt
contre les parties , dès l'instant où ces
actes étaient connus ?

En faveur de la négative, on disait que ces
deux actes ne suffisaient pas pour consommer
la mutation , qui pour s'opérer, avait besoin
d'être cimentée par le consentement mutuel et
simultané des parties ; que deux actes isolés
ne pouvaient remplir cet objet , et que dans
le cas dont il s'agit , on devait se borner à
faire article sur le sommier douteux de la mutation présumée, sauf à poursuivre le recouvrement du droit, lorsqu'on aurait acquis la
certitude qu'elle s'était réellement opérée.

Mais il a suffi d'examiner attentivement l'effet
qu'ont pu produire ces deux actes, pour se con-
vaincre qu'il existe ici une revente. L'on ne

Troisième année. 2ᵉ. Partie.　　8

peut disconvenir que deux actes, dont l'un consacre l'abandon, et l'autre l'acceptation d'une chose, n'ayent la même autorité que celui qui présenterait à-la-fois ces deux dispositions. Or, il y a mutation dès l'instant qu'il y a consentement réciproque. Donc, l'on peut poursuivre le paiement du droit contre la partie acceptante, si elle ne le paie pas dans les trois mois. Il n'est dû sur l'exploit qu'un droit d'un franc, mais l'on doit réserver celui de la mutation.

(*Opinion des Rédacteurs.*)

A R T. 868.

O B L I G A T I O N.

Un billet ou promesse de payer porte en toutes lettres 1500 francs, mais au pied il est écrit, bon pour la somme de 1200 fr. *Sur laquelle de ces deux sommes doit-on fixer l'enregistrement ?*

Il est de principe que quand la somme écrite hors du corps du billet, se trouve moindre que la somme énoncée dans le corps du billet écrit d'une autre main, le débiteur n'est obligé que pour la somme qu'il a écrite de sa main.

Si le débiteur avait écrit de sa main le corps du billet de quinze cens francs, et le *bon pour la somme de douze cens francs* , il faudrait aussi juger , dans le doute , que les douze cens francs sont la somme qui est véritablement due. Cette décision *de droit* est fondée sur ce qu'en pareil cas, on doit prononcer en faveur de la libéra-tion , conformément à cette maxime , *semper in obscuris quod minimum sequimur.*

Dès que d'après la jurisprudence l'obligation ne subsiste que sur le pied de 1200 francs , le droit d'enregistrement ne doit être établi que sur cette somme.

ART. 869.

PRESCRIPTION.

Peut-on poursuivre le paiement des droits d'une insuffisance d'évaluation résultant d'une déclaration faite en brumaire an 7 ?

La loi du 19 décembre 1790 , article 18 , sous l'empire de laquelle cette déclaration a été faite, accordait 3 ans pour constater les contra-ventions de l'espèce.

Celle du 22 frimaire an 7 , article 61 , numéro premier , n'a accordé que deux années.

Et comme l'article premier de la loi du 27 ventose an 9 , veut que les droits d'enregis-

trement soient liquidés et perçus suivant cette
dernière loi, on a pensé que cette disposition
rendait sans effet l'article 18 de la loi du 19
décembre 1790, et par conséquent, que la
prescription était acquise.

Cette opinion ne nous paraît pas fondée. Les
termes de l'article premier de la loi du 27 ventose, an 9, et les motifs donnés par l'orateur du
gouvernement paraissent établir que les lois antérieures ne sont rapportées qu'en ce qui concerne la quotité des droits à percevoir, et n'a-
voir pour but que de rendre uniformes les perceptions à faire sur des dispositions semblables, contenues dans des actes d'une date antérieure ou postérieure à la loi du 22 frimaire
an 7.

Ainsi, nous pensons que l'on peut, jusqu'au
mois de brumaire an 10, exiger *les droits* résultans de l'insuffisance dont il est question,
mais qu'ils devront être liquidés et perçus suivant les lois des 22 frimaire an 7, et 27 ventose
an 9.

(*Opinion des rédacteurs.*)

A R T. 870.

P O U R S U I T E S.

Taxes d'entretien des routes.

Avis du conseil d'état du 12 prairial an 9, portant que les fermiers et préposés de la taxe d'entretien des routes peuvent être poursuivis sans autorisation du conseil d'état ?

Le conseil d'état, délibérant sur la question de savoir si les fermiers et les préposés de la taxe d'entretien des routes, doivent jouir du bénéfice de l'article 75 de la constitution ;

Est d'avis que cet article ne leur est point applicable. Ils ne sont pas agens, ils ne sont que fermiers du gouvernement ; ils ne lui doivent que le prix du bail : dès-lors la chose qui leur a été donnée à bail, devient, en quelque sorte, leur chose particulière. S'ils étaient troublés dans leur possession par des voies de fait, le gouvernement leur devrait l'appui de la justice et de la force ; mais les contestations particulières qu'ils peuvent avoir, les abus, les délits qu'ils peuvent commettre dans la jouissance de leur traité, appartiennent à la justice ordinaire, et ils ne doivent jouir, à cet égard, d'aucune garantie spéciale.

A T R. 871.

T I M B R E.

LES PROSPECTUS ET CATALOGUES DE LIVRES
SONT ASSUJETTIS AU TIMBRE.

Extraits des registres des délibérations du conseil d'état.

Séance du 28 messidor an 9.

Le conseil d'état qui, d'après le renvoi des Consuls, a entendu le rapport de la section des finances, sur la proposition faite par le ministre des finances de déclarer, par un arrêté, que les catalogues de livres, prospectus d'ouvrages et notices d'arts ne sont pas compris dans les dispositions des lois des 9 vendémiaire an 5, et 6 prairial an 7, sur le timbre, et qu'ils ne doivent pas y être assujettis, est d'avis que cette proposition doit être écartée, comme contraire aux dispositions de la loi du 6 prairial an 7, portant que les avis imprimés, quel qu'en soit l'objet, qui se crient et distribuent dans les rues et lieux publics, ou que l'on fait circuler de toute autre manière, seront assujettis au timbre, à l'exception des adresses contenant la simple indication de domicile, ou le simple avis de changement. On ne peut mettre en doute que les prospectus d'ouvrages, notices d'arts et catalogues de livres, qui se distribuent, et que l'on fait circuler par la poste ou autre voie, ne soient des avis que la loi a entendu assujettir au timbre. Il ne peut, conséquemment, y avoir lieu d'adopter la proposition du ministre des finances.

A R T. 872.

A M E N D E S.

Le ministre des finances, par une décision du 26 messidor an 9, a confirmé le principe que les amendes prononcées par les tribunaux ne peuvent être infirmées ni modifiées par l'autorité administrative.

Deux particuliers du département d'Eure et Loir ont demandé la remise des amendes et restitutions prononcées contr'eux pour délits forestiers, ils se sont disculpés de ce délit sur leurs ouvriers. Mais le ministre a observé que les adjudicataires de coupes de bois et tous

autres doivent répondre de leurs ouvriers , que
le jugement qui les a condamnés ne peut être
infirmé ni modifié , qu'il ne peut , par conséquent , avoir égard à la demande qui lui est
faite.

***

ART. 873.

FRAIS DE JUSTICE.

*Les frais d'ameublement des lieux desti-
nés aux séances des tribunaux spéciaux,
doivent-ils être rangés dans la classe
des frais de justice , et comme tels , acquittés par les préposés de la régie ?*

Le ministre de la justice , consulté sur
cette question , a répondu que ces frais étaient
une dépense à la charge des centimes additionnels, comme tous les objets de cette nature , et qu'il n'appartenait qu'au ministre de
l'intérieur d'en autoriser le paiement. Il ajoute
qu'il doit en être de même lorsqu'il ne s'agit
que de fournitures à loyer , et de travaux ac-
cidentels uniquement relatifs aux cérémonies
de l'installation.

ART. 874.

DROITS DE GARANTIE

DES MATIERES D'OR ET D'ARGENT.

Par arrêté des Consuls du 19 messidor an
9 , il a été établi des bureaux de garantie des
matières d'or et d'argent dans les villes d'Aix-la-
Chapelle et Cologne , département de la Roër ;
et il a été arrêté que les arrondissemens de ces
bureaux seraient composés, pour celui d'Aix-
la-Chapelle , des arrondissemens communaux
d'Aix-la-Chapelle et Clèves ; et pour celui de
Cologne, des arrondissemens communaux de
Cologne et de Cléveld.

ART. 875.

ENREGISTREMENT.

CESSION DE CRÉANCE.

*Le débiteur d'une rente a été condamné
par jugement à en rembourser le capital. Le créancier l'a cédé à un autre
particulier ; cette cession est-elle sujette
au droit de deux ou d'un franc pour
100 francs.*

La question se réduit à savoir, si c'est ici une
cession de rente, ou une cession de créance

à terme. La première est soumise au droit de
2 francs pour cent, suivant le paragraphe V,
n°. 1 de la loi du 22 frimaire. La seconde n'est
passible que du droit d'un franc par cent, d'a-
près le paragraphe III, n°. 3.

On pourrait dire, pour prouver que c'est une
cession de rente, que le contrat de constitution
de cette rente existe malgré le jugement, dans
toute son intégrité, que le remboursement ordonné peut bien ne pas s'effectuer par suite d'arrangemens entre les parties, et que dans ce cas,
l'hypothèque remonte toujours à la date de ce
même contrat.

Mais, d'après l'exposé de la question, le
débiteur est condamné à rembourser, le capital est donc exigible à la volonté du créancier,
il n'est donc pas aliéné, comme doit l'être
celui d'une rente constituée, ce n'est donc pas
une rente proprement dite, mais une simple
créance à terme sujette au droit proportionnel
d'un franc par 100 francs.

ART. 876.

CONTRAT DE MARIAGE.

*La clause de reprise de bagues et joyaux
stipulée dans un contrat de mariage,
passé en pays de communauté, est-elle
sujette à un droit particulier d'enregistrement ?*

Les motifs sur lesquels on s'est fondé pour

réclamer l'exemption, sont que dans les pays de communauté, ces stipulations ne peuvent être considérées comme donations, ni avantages, parce que les conjoints sont maîtres de régler les conventions de leur société et d'en fixer un partage inégal.

La prétendue liberté de fixer un partage iné-gal d'une société, est une objection qui n'est ni solide, ni concluante ; puisqu'il en résulterait que dans les pays où la communauté a lieu, il n'y aurait plus de donations mutuelles, ni au-tres dons et avantages, par contrat de mariage : tout serait considéré comme simples conven-tions de société ; mais les lois y ont pourvu. Les coutumes qui admettent la communauté, ont fixé de quelle manière elle aurait lieu, et com-ment le partage en serait fait ; elles rendent la condition des deux conjoints égale ; d'où il suit que toutes les stipulations contraires à cette éga-lité, et qui donnent à l'un ou à l'autre le droit de prélever des effets hors part, sont avec raison considérées comme des dons, des avantages, ou des gains nuptiaux et de survie ; et comme tels assujettis, lors de l'enregistrement des contrats, à trois francs fixe, par l'article 58, paragraphe 3, numéro premier de la loi du 22 frimaire an 7, et au droit proportionnel lors de l'événe-ment.

ART. 877.

LIQUIDATION DE REPRISES.

Quels sont les droits d'enregistrement qu'elles opèrent ?

Par les articles 160 et 169 de ces Instructions, nous avons indiqué la perception qui doit être établie pour l'abandonnement *de conquét de la communauté* fait à une femme pour lui tenir lieu de remploi de sa dot et de ses propres aliénés, soit qu'elle eût ou non renoncé à la communauté.

Les actes de liquidation faits après les dissolutions de mariage, et après les séparations de biens entre époux, offrent d'autres questions particulières qu'il est essentiel de résoudre.

1°. La femme ayant renoncé à la communauté, on constate par une liquidation quel a été son apport d'après son contrat de mariage, le mari ou ses héritiers s'en libèrent par l'abandon de tels ou tels meubles, la plupart souvent à l'usage de la femme, quelquefois même avec énonciation que ce sont ceux qu'elle avait apportés en dot.

On a prétendu qu'un abandon de l'espèce n'était qu'une simple reprise par la femme des objets, ou de la valeur des objets qu'elle s'était constitués en mariage ; que cet abandon n'était passible que du droit fixe ; et que la renonciation, soit qu'elle fût faite par l'acte de reprise ou par un acte antérieur, n'était pas un motif pour qu'il pût donner ouverture au droit proportionnel.

Ce raisonnement n'est point exact. La femme, par sa renonciation, devient absolument étrangère aux biens de la communauté; elle se prive du droit qu'elle avait à leur propriété jusqu'à concurrence de ses reprises et de sa moitié dans les bénéfices , pour ne conserver qu'une action contre et sur les biens de son mari , devenu seul propriétaire , et seul responsable des charges de la communauté , d'où résulte nécessairement la conséquence que , lorsqu'il consent à s'acquitter envers sa femme par l'abandon d'une partie des meubles dont il était définitivement saisi , et qu'il était libre de conserver , il s'opère une tradition mobiliaire sujette au droit de deux pour cent.

Ce principe reçoit une exception lorsque par le contrat de mariage il a été stipulé que si la femme ou ses enfans renoncent à la communauté , ils pourront répéter la dot de la femme , ses habits , linges , hardes , bijoux et tout ce qui lui sera échu , pendant la communauté , par succession , donation , legs ou autrement.

Dans ce cas , si l'abandonnement fait à la femme consiste dans ses habits , linges , hardes , bijoux , rentes , créances actives , actions et autres effets qu'elle a apporté ou à elle échus depuis , et qui , quoiqu'étant entrés dans la communauté , peuvent facilement être reconnus , cette reprise *en nature des mêmes objets* , qu'elle a apportés ou qui lui sont échus, n'opère ni cession , ni convention sujette au droit proportionnel.

2°. Par le contrat de mariage il a été stipulé que le survivant des futurs aurait droit de prélever , à titre de préciput , des effets de la communauté jusqu'à concurrence de..... ou ladite somme à son choix , et que la femme aurait ce préciput même en renonçant à la communauté. En effet , elle renonce , et par la liquidation de ses reprises il lui est abandonné des meu-

bles de la communauté pour la remplir de son préciput. Dans cette hypothèse, il n'y a ni cession, ni droit
proportionnel à percevoir. La raison en est que la
femme tient ces meubles directement par le prédécès
de son mari de la clause stipulée par son contrat de mariage, et qu'elle doit en conséquence en passer déclaration et acquitter les droits réglés pour les transmissions entre époux.

3°. Par un acte de liquidation, il est établi que par
le contrat de mariage le mari a touché la somme de
3000 francs constitués en dot à la future, qu'il a reçu
suivant quittance en forme 2000 francs donnés et lé-
gués à son épouse, qu'il est échu à cette dernière la
succession de ses père et mère, et que par partage
desdites successions, passé devant notaire, il lui a
été assigné des effets mobiliers, argent et créance, le
tout de valeur de 8000 fr. ; qu'il lui revient en outre
pour son préciput stipulé, même en cas de renonciation,
la somme dé 800 fr. La liquidation n'indique aucune
autre créance à exercer par la femme qui a renoncé à
la communauté, ni à un paiement fait pour son
compte. Il ne doit être perçu que le droit fixe, quand
même la liquidation contiendrait obligation par le mari
d'acquitter ces différentes sommes, parce que les actes
en forme qui y sont relatés, le constituaient débiteur envers sa femme qui, sans le secours d'aucun acte postérieur, pouvait actionner son mari par voie de saisie-
exécution, ou prendre inscription sur ses biens. On
doit remarquer que cet acte est purement réglemen-
taire et ne contient aucune obligation nouvelle de la
part du mari.

4°. Il en serait autrement, si dans l'espèce précédente les droits successifs échus à la femme n'avaient

pas été constatés par partage en forme , s'il était reconnu que le mari a touché pour elle , à quelque titre
que ce soit , des sommes , sans énonciation d'acte enregistré , s'il était également établi qu'il a fait des paiemens pour son compte personnel , en ce cas , l'acte
serait un véritable compte rendu par le mari , comme
administrateur des biens de sa femme , et le droit serait
exigible sur le reliquat.

A R T. 878.

M A I N-L E V É E.

*Un créancier a pris des inscriptions hypo-
thécaires contre son débiteur , dans trois
différens bureaux , il en a donné main-
levée par un seul acte.*

Le receveur de l'enregistrement a prétendu
qu'il était dû sur cet acte trois droits d'un franc
fixes , sous le prétexte qu'il contenait la main-
levée de trois inscriptions différentes.

C'est une erreur. Le créancier n'a formé des
inscriptions dans trois bureaux , que parce que
les biens de son débiteur , affectés au paiement
de sa créance , étaient situés dans l'arrondissement des trois bureaux , s'ils eussent été réunis dans un seul arrondissement il n'eût formé
qu'une inscription , puisqu'il n'y a qu'un titre et
qu'un débiteur.

Nous estimons en conséquence qu'il n'est dû
dans l'espèce qu'un seul droit fixe d'un franc.

ART. 879.

TIMBRE.

*Toutes les affiches pour expropriation for-
cée, en quelque nombre qu'elles soient,
et dans quelque lieu qu'elles soient pla-
cardées, signées par un huissier, sont-
elles assujetties au timbre de dimension ?*

Les affiches ordinaires, les avis imprimés,
les feuilles périodiques sont soumis au timbre
de 3 ou de 5 centimes.

Les affiches pour expropriation forcée ont
toujours été distinguées des autres, la loi du
11 février 1791, qui exempte celles-ci du timbre, y assujettit les affiches pour parvenir aux
ventes judiciaires, l'ordonnance de 1680 établit
la même distinction, la loi du 11 brumaire an 7,
sur l'expropriation forcée, porte que l'apposition
de ces affiches *vaut saisie de propriété*, il est donc
constant que les affiches pour expropriations
forcées sont sujettes au timbre de dimension,
comme tous les actes. Mais ce principe s'ap-
plique-t-il à toutes les affiches de cette espèce,
en quelque nombre et en quelques lieux qu'elles
soient apposées. La fraude ingénieuse à éluder
les droits établit ici une distinction, et ne man-
que point de moyens pour la soutenir. La loi
du

du 11 brumaire an 7 , dit-on , veut que l'apposition de ces affiches se fasse , 1°. à l'extérieur
du domicile du débiteur , et des édifices saisis;
2°. au lieu destiné à recevoir les affiches publiques dans les communes , de la situation des
biens , et dans celle du bureau des hypothèques
dont ils dépendent ; 3°. dans la commune du
chef lieu du canton , et enfin à la porte du tribunal civil qui doit faire l'adjudication.

Sans doute , ces affiches qui sont nécessaires
à la légalité de la vente , ces affiches dont la
loi ordonne qu'il soit dressé procès-verbal , et
dont l'apposition *vaut saisie* des propriétés , ces
affiches sont des actes extra-judiciaires , et doivent , comme tels , porter le timbre de dimension. Mais ce sont les seules.

S'il plaît au poursuivant ou même au saisi ,
de faire mettre par un huissier des affiches en
d'autres lieux qu'en ceux indiqués par la loi ,
sans autre but que d'appeller des acquéreurs , et
d'augmenter par la concurrence le prix de l'immeuble à vendre , on ne peut point le regarder
comme des actes extra-judiciaires , comme des
pièces produites servant à la validité de la vente;
elles ne sont , malgré le mot d'expropriation
forcée , que des affiches volontaires , des avis
purs et simples , et ne peuvent être soumises
qu'au timbre de 3 ou de 5 centimes.

Toutes ces distinctions ne sont que spécieu-
ses. En effet, le principe est général; toutes
les affiches pour expropriations forcées sont soumises au timbre de dimension , il ne distin-
gue pas entre celles apposées dans un lieu ou
dans un autre. La loi du 11 brumaire , en dé-
signant certains lieux pour l'apposition des affiches, n'a eu en vue que de régulariser les formes à suivre pour parvenir à l'expropriation
forcée , mais elle ne prononce rien sur le droit
du timbre. Elle a dit : pour la validité des ventes en expropriations forcées , il faut que les affiches soient mises à tel endroit , mais elle ne dit
pas toutes celles qui n'y seront point apposées ,
ne seront pas soumises au droit de dimension.
Toutes les affiches en expropriations forcées
sont des actes extra - judicaires ; de ce que
ceux - ci ne seraient point dans la forme
régulière , il ne s'ensuivrait pas qu'ils seraient
exempts du timbre , par la même raison , de
ce que les affiches en expropriations forcées ne
seraient point apposées régulièrement, il ne s'ensuivrait point qu'elles sont dispensées du timbre
de dimension. Enfin toutes les affiches en expropriation forcée sont signées par un officier
ministériel , elles doivent toutes être marquées
du timbre que la loi a établi pour les actes d'huissiers. Il faut donc maintenir le principe géné-

ral , et conclure que toutes les affiches pour expropriations forcées, en quelque nombre et en quelque lieu qu'elles soient apposées , sont soumises au timbre de dimension, tel qu'il est réglé par la loi du 13 brumaire an 7.

(Décision de la régie de 2 thermidor an 9.)

ART. 880.

BILLETS AU PORTEUR.

Extrait des registres des délibérations des consuls de la république.

Paris , le 13 thermidor an 9.

Le conseil d'état, sur le renvoi qui lui a été fait par les consuls de l'examen de la proposition, de modifier administrativement le droit de timbre , des billets au porteur de vingt-cinq francs et au-dessous , que des maisons de commerce se proposent d'émettre comme échangeables au pair contre de la monnaie de cuivre, sans entrer dans l'examen de l'avantage ou des inconvéniens qui pourraient résulter d'une pareille émission, est d'avis que cette proposition doit être écartée comme formellement contraire aux dispositions de la loi du 13 brumaire 7 , à laquelle il ne peut être dérogé que par une autre loi.

Approuvé, le premier consul.
Signé BONAPARTE.

ART. 881.

PREMIÈRE QUESTION.

Les certificats de service délivrés aux gardes principaux et particuliers , par le conservateur fores-

tier pour le paiement de leurs traitemens, sont-
ils exempts du timbre?

Oui, quoiqu'ils fassent titre pour ces gardes, ils
doivent jouir de l'exemption prononcée par l'art. 16 de
la loi du premier brumaire an 7, non-seulement parce
que ce sont des actes d'administration intérieure, mais
aussi parce que cet article dispense de cette formalité
les quittances des traitemens des fonctionnaires et employés, salariés par la république, cette faveur de-
viendrait illusoire, si le timbre était exigé pour les certificats nécessaires à la validité du paiement.

Il en est de même des certificats de service qui tiennent lieu de mandats pour le paiement des traitemens
des conservateurs, inspecteurs et sous-inspecteurs. Les
mandats ou ordonnances des préfets pour le paiement
des traitemens des gardes, sont par les mêmes motifs
exempts de timbre.

IIe. QUESTION.

Les certificats de service qui tiennent lieu de man-
dats, doivent il être visés?

Non-seulement ils doivent l'être, mais il importe
d'indiquer dans le visa, le montant de la somme à
payer à celui à qui le certificat est délivré.

IIIe. QUESTION.

Les commissions des préposés de l'administration
forestière, sont-elles sujettes au timbre?

Sans contredit, car elles font titre à ceux qui les obtiennent, ainsi qu'il a été décidé en général pour toutes les commissions d'employés le 22 brumaire an 7.

Mais la régie est autorisée à faire revêtir du timbre
extraordinaire et sans amende, toutes les commissions
délivrées sur papier libre, à condition qu'elles seron-

timbrées en payant le droit avant le premier vendémiaire prochain.

IVᵉ. QUESTION.

Les procès-verbaux des gardes-forestiers doivent-ils
être visés en débet ? Quid , à l'égard des pour-
suites faites sur ces procès-verbaux.

Il n'y a pas non plus de difficulté à continuer, aux
termes de la décision du 26 pluviose an 7 , de viser
pour timbre en débet les papiers destinés aux procès-
verbaux des gardes forestiers , et cette faculté doit s'é-
tendre aux significations que peuvent faire les gardes ,
eu égard à ce qu'ils ne sont pas en état de faire l'a-
vance du droit de timbre , mais quant aux actes des
huissiers et greffiers , il n'y pas de motifs pour les dispenser de l'avance du papier timbré , dont ils se font
rembourser par des exécutoires , qu'ils sont obligés
d'obtenir pour le paiement de leurs vacations et émolumens , dans les affaires du ministère public.

(Décision du ministre des finances du 18 thermidor an 9.)

ART. 882.
PATENTES.

ATTRIBUTION DES COMMUNES.

Cette attribution doit-elle être acquittée
entre les mains des Sous-préfets , ou des
maires de chaque commune ?

La nouvelle division du territoire de la république , établie par la loi du 28 pluviose an 8 , a
apporté des changemens dans la comptabilité in-

térieure des administrations municipales. Avant l'exécution de cette loi, un certain nombre de communes composaient une administration municipale, elles concourraient, par conséquent, à en supporter les charges et les avantages, alors le dixième du produit des patentes était acquitté entre les mains du secrétaire de l'administration municipale. L'agent de chaque commune n'étant point comptable envers l'administration, n'avoit pas le droit de recevoir les attributions ou revenus de sa commune. Les Sous-préfets qui ont remplacé les administrations municipales, ont par conséquent dû recevoir pour l'an 8, attendu que les charges locales n'ont été distinctes et séparées pour les communes, qu'à partir de l'an 9. Mais les nouvelles administrations étant en activité, et chaque commune ayant des administrateurs particuliers, c'est au maire qu'appartient le droit de recevoir l'attribution qui revient à sa commune, dans le produit des patentes, conformément à l'article 9 de l'arrêté des consuls, du 15 fructidor an 8.

ART. 883.
COMPTABILITÉ.

OBLIGATIONS SOUSCRITES EN PAIEMENT DE DOMAINES NATIONAUX.

Un particulier a souscrit des obligations pour la partie exigible du reliquat pré-

sumé de son acquisition d'un domaine national , situé dans le département de l'Orne. Par un nouvel examen du décompte , il est reconnu qu'il a précédemment acquitté la totalité du prix du domaine à lui vendu , il refuse en conséquence le paiement des obligations qu'on lui a mal à propos fait souscrire ; il demande qu'elles lui soient rendues.

Le conseiller d'état administrateur du trésor public auquel on s'est adressé pour demander cette restitution , a répondu le 27 prairial an 9, que les obligations ayant été employées depuis long-temps , leur restitution ne peut avoir lieu ; que dans cette circonstance, comme il est constant que l'acquéreur ne doit point acquitter des obligations pour un bien dont il avait soldé précédemment le prix , il n'a d'autre parti à prendre que de refuser le paiement des cédules , et en motivant son refus lors du protêt qui en sera fait , de renvoyer les porteurs à se pourvoir auprès du caissier général du trésor public , qui en acquittera le montant.

Cette opération terminée , l'adjudicataire du domaine , pour retirer des obligations qui hors de ses mains , seraient toujours un titre contre lui , devra réclamer du ministre des finances une ordonnance de remboursement , payable en mêmes cédules ; et dont il fera la remise au trésor public en échange de ses propres obligations.

A R T. 884.

PENSIONS DE RETRAITE.

Les pensions des Employés de la Régie de l'Enregistrement sont-elles saisissables ?

Les uns ont comparé ces pensions à celles payées par le trésor public, et les ont cru insaisissables, les autres ont pensé qu'elles pouvaient être saisies dans les mêmes proportions que les traitemens des fonctionnaires et employés.

Le conseil d'état a émis sur cette question l'avis suivant :

« Le conseil d'état qui, d'après le renvoi des consuls
» a entendu le rapport de la section des finances sur
» la question de savoir si les pensions de retraite des
» Employés de la Régie de l'Enregistrement sont sai-
» sissables, est d'avis que la solution de cette question
» est du ressort de la loi. La loi du 21 ventose an 9 a
» déclaré saisissable une portion du traitement des
» fonctionnaires publics et employés civils, mais elle
» n'a point parlé des pensions.

» Celle du 22 floréal an 7 sur la dette publique,
» dont l'art. 7 porte : qu'il ne sera plus reçu à l'avenir
» d'opposition au paiement des arrérages de la dette
» viagère et des pensions, ne se rapporte qu'aux pen-
» sions payées par le trésor public. Quoique les pen-
» sions accordées dans la Régie de l'enregistrement
» soient acquittées sur les fonds provenant des retenues
» faites sur les traitemens, elles ne peuvent cependant
» être assimilées à celles que paye le trésor public, que
» par une disposition législative, il n'y a donc pas lieu
» à admettre par similitude l'extension proposée. »

Ainsi ces pensions sont saisissables en entier.

A R T. 885.

E N T E G I S T R E M E N T.

Actes judiciaires.

*Un jugement homologue un procès-verbal
d'ordre, et contient main-levée de toutes
les inscriptions prises par des particuliers, qui, dans le mois, n'ont pas produit leurs titres. Cette main-levée est-elle
sujette à l'enregistrement ?*

Suivant l'article 35 de la loi du 11 brumaire
an 7, sur les expropriations forcées, chapitre 3,
des ordres et distribution de prix, le jugement
d'homologation d'ordre doit déterminer les inscriptions qui ne viennent point en ordre utile
sur le prix, et ordonner que la radiation en
sera faite par le conservateur des hypothèques,
en ce qu'elles frapperaient sur l'immeuble
aliéné.

Ainsi la main-levée, non-seulement des inscriptions prises par des particuliers qui n'ont
pas produit leurs titres, mais encore de celles
dont les titres ont été produits, et qui ne viennent point en ordre utile, est prononcée par
la loi. Elle est donc légale, générale et dérive
nécessairenent de l'ordre de distribution, dès-

lors elle n'est passible d'aucun droit. Ceux qui ont prétendu qu'il était dû autant de droits qu'il y avait d'inscriptions dont la main-levée était donnée, commettaient une double erreur, parce que la pluralité des droits ne pourrait être exigée qu'autant que chacun des créanciers inscrits donnerait particuliérement la main-levée de son incription.

A R T. 886.

QUITTANCE AVEC GARANTIE.

Un acquéreur qui a négligé de faire faire aux créanciers inscrits la notification prescrite par l'article 30 de la loi du 11 brumaire an 7, paie le prix de son acquisition au vendeur, qui s'oblige de rapporter la main-levée des inscriptions, et affecte spécialement d'autres biens à la garantie du prix qui lui est payé par l'acquéreur. Indépendamment du droit de quittance, est-il dû un droit de 50 centimes par 100 francs pour la garantie ?

Un vendeur qui ne reçoit que le prix d'un bien qu'il a vendu, et qui affecte d'autres biens à la garantie de ce paiement, se cautionne, dit-on, lui-même, et l'on en conclud qu'il doit

être perçu un droit de 50 centimes par 100 fr.
pour ce cautionnement.

Nous n'estimons pas que cette perception
soit régulière. Le défaut de notification dans le
mois aux créanciers inscrits a exposé l'acquéreur, ou à payer l'intégralité des créances, ou
à être dépouillé par la vente au plus offrant et
dernier enchérisseur, de l'immeuble acquis. S'il
avait préféré de solder toutes les créances, il
aurait eu son recours, de plein droit contre le
vendeur pour le remboursement de ce qu'il aurait payé en sus du prix de son acquisition. Art.
35 de la loi du 11 brumaire.

Mais au lieu de solder les créances, l'acquéreur se détermine à payer son vendeur. Par là,
il reste soumis à l'expropriation, si celui-ci ne se
libère pas ; c'est le risque qu'il court. Le vendeur
qui a touché le prix, lui doit une garantie qui
dérive nécessairement de sa quittance. Cette
garantie est due de plein droit par la seule raison de justice et d'équité, quand même elle
n'aurait pas été stipulée ; elle est une suite nécessaire du paiement. La désignation des biens
qui s'y trouvent affectés, est indispensable pour
prendre inscription d'après le nouveau régime
hypothécaire, mais elle n'ajoute rien au droit légal qu'avait l'acquéreur relativement à la garantie
de son paiement. Ainsi il n'y a point ici un

cautionnement particulier , mais une simple garantie dérivant nécessairement de la quittance , conséquemment elle n'opère aucun droit.

ART. 887.

MUTATION.

Un particulier qui avait vendu un bien à faculté de réméré , moyennant 150 fr. de rente , exerce le retrait dans le délai, et par le même acte , il revend le même bien à la même personne moyennant 250 fr. de rente avec faculté de réméré. Comment doit-on liquider le droit d'enregistrement ?

L'effet de cet acte ne produit pas une mutation nouvelle; l'acquéreur , sous la faculté de réméré, n'a pas cessé d'être propriétaire; l'exercice du retrait est censé n'avoir jamais existé, puisque par le même acte la revente est faite au même particulier, sous la même faculté, il n'y a là qu'une augmentation de prix , et le droit n'est perceptible à raison de 4 pour 100 que sur 2000 fr. capital , au denier 20 de la rente de 100 fr. , dont le nouveau prix procure l'augmentation.

A R T. 888.

M U T A T I O N S P A R D É C È S.

L'inscription aux hypothèques est néces-
saire pour assurer les droits de mutation
par décès, sur les acquéreurs des biens ?

L'article 32 de la loi du 22 frimaire, porte
que « *les droits* des déclarations des mutations
» par décès seront payés par les héritiers do-
» nataires et légataires, et que la nation aura
» action sur les revenus des biens à déclarer,
» en quelques mains qu'ils se trouvent. »

On a demandé si cette action pouvait être
exercée sur les revenus des biens que les héritiers ont vendus, et dont l'acquéreur a fait
transcrire le contrat au bureau des hypothèques, sans qu'il y ait eu d'inscription antérieure pour la conservation du droit résultant
de la mutation par décès.

Cette question traitée par nous au n°. 82,
art. 713 de notre journal, vient d'être décidée
par le ministre des finances de la manière
suivante.

Je ne fais aucun doute, dit-il, dans sa lettre
à la Régie du 18 du courant, que l'acquéreur
ne peut pas être poursuivi, dès qu'il n'y a pas
eu d'inscription pour le droit antérieurement à

la transcription de son contrat. Ce principe est une conséquence nécessaire de ce que la loi du 11 brumaire an 7, ne comprend pas cette créance au nombre de celles dont le privilège ou l'hypothèque, peuvent être réclamés sans inscription. Ainsi, tant que la législation sera muette sur ce point, il sera important que les receveurs requièrent des inscriptions pour raison des droits dont il s'agit, toutes les fois qu'ils craindront que des héritiers peu solvables ne vendent les biens de la succession.

Il est cependant un cas où les conservateurs doivent faire l'inscription d'office, comme il est ordonné par l'article 9 de la loi du 11 brumaire, c'est celui où l'acquéreur est chargé par son contrat d'acquitter le droit d'enregistrement de la mutation par décès.

Je ne pense pas, du reste, que l'on soit obligé d'obtenir un jugement ou d'avoir un acte notarié pour requérir des inscriptions en pareil cas. J'estime, au contraire, qu'il y a hypothèque légale pour les droits à compter du jour du décès, et qu'il ne s'agit que d'en assurer l'effet, par l'inscription avant la vente des biens par les héritiers ou la transcription du contrat.

ART. 889.

RECOUVREMENT DES DROITS DE SUCCESSION.

*Peut-on poursuivre le paiement des droits
d'enregistrement de la mutation d'un
immeuble par expropriation forcée de
l'immeuble transmis.*

Voici l'espèce : *César* possédait une maison,
Guillaume et *Joseph* ont déclaré à la mairie en
nivôse an 9, qu'ils sont propriétaires de cette
maison, et en conséquence on a substitué sur le
rôle de la contribution foncière, les noms de
Guillaume et *Joseph*, à celui de *César* précédent possesseur.

Le receveur de l'enregistrement s'étant assuré
que les droits de cette mutation n'avaient pas été
acquittés, en a formé la demande par avertisse-
ment suivi de contrainte, commandement, etc.
Les nouveaux possesseurs ne se sont pas présentés. Le receveur a voulu faire procéder à la
saisie de leurs meubles, mais l'huissier n'a trouvé
que ceux que la loi ne permet pas de saisir. Ces
particuliers occupent seuls la maison dont il s'agit;
c'est par mauvaise volonté qu'ils refusent le paiement des droits qu'ils doivent; le seul moyen pour
l'obtenir, c'est celui de l'expropriation forcée;

on demande si on peut l'employer, et quel est le mode à suivre.

La loi du 11 brumaire an 7, n'interdit pas de poursuivre le payement des droits dûs à la République, par l'expropriation forcée, mais l'article 1er. chapitre 1er. *porte* : « Nul » ne peut poursuivre la vente d'un immeu- » ble qu'*en vertu d'un titre exécutoire* ». Or la contrainte décernée par le receveur n'est point un *titre tellement exécutoire* que l'on puisse pour- suivre l'expropriation d'après un titre semblable. Il faut donc se procurer un titre revêtu des for- mes que la loi requiert.

La loi du 22 frimaire an 7 n'a pas indiqué comment il faut agir en pareil cas ; mais nous pensons que l'on doit donner assignation au débiteur, devant le tribunal, pour se voir condamner au paiement du droit de- mandé, et qu'après avoir obtenu un jugement de condamnation, on pourra avec l'expédition en forme de ce jugement poursuivre l'expropria- tion forcée, en suivant le mode prescrit par la loi du 11 brumaire an 7, précitée.

Nous croyons au reste que cette voie rigou- reuse ne doit être employée que dans les cir- constances où il est impossible d'opérer la ren- trée des droits dûs par tout autre moyen, et où

il

il est évident que le débiteur, quoique solvable, se refuse au paiement de ces droits.

(*Opinion des rédacteurs*).

ART. 890.

TIMBRE.

Les bons des fournitures militaires sont-
ils sujets au timbre ?

La décision du ministre des finances, du 18 fructidor an 8, qui exempte du timbre les bons qui ont pour objet le paiement des réquisitions en chevaux, grains, etc. a fait croire que cette exemption devait s'étendre aux bons des fournitures militaires, d'autant mieux qu'ils sont admissibles en paiement des contributions. Mais c'est une grande erreur.

En effet, la loi du 13 brumaire an 7 assujettit au timbre tous les actes qui sont délivrés à des particuliers, et il n'est pas possible d'assimiler aux quittances des contributions directes les bons que les préfets délivrent pour des fournitures quelconques, aux individus qui peuvent les employer à payer leurs contributions. Ils doivent être tous sur papier timbré.

(Décision du ministre des finances, du 28 prairial an 9)

ART. 891.

HYPOTHEQUES.

Un conservateur des hypothèques est-il responsable d'avoir omis dans un certificat une ou plusieurs inscriptions qui n'ont pas été rapportées par son prédécesseur sur le répertoire ?

Oui sans doute, la circulaire du 16 prairial an 7, n°. 1578, porte, " ce ne sera " qu'après la vérification la plus attentive des " répertoires, tant anciens que nouveaux, que " les conservateurs pourront, sans risquer de " se compromettre, délivrer les extraits et cer- " tificats ". Ainsi les particuliers qui ont à se plaindre de l'omission d'une inscription dans un certificat, ne peuvent attaquer que le conservateur qui a délivré ce certificat, et dont le cautionnement doit leur servir de garantie, sauf à celui-ci à exercer son recours contre son prédécesseur, s'il s'y croit fondé.

(Décision de la Régie, du 15 thermidor.)

ART. 892.

PATENTES.

Les receveurs de l'enregistrement doivent relever toutes les erreurs qu'ils reconnaissent, relativement aux droits de patente?

Depuis que la direction des contributions est chargée de la formation des rôles de patentes et des autres opérations relatives à cette contribution, quelques receveurs ont pu penser qu'ils devaient se borner à recevoir les droits de patente, et à fournir les états supplémentaires.

Le ministre des finances, par une lettre à l'administration, du 8 messidor an 9, a applaudi au zèle d'un receveur qui avait réclamé contre l'oubli dans lequel on avait laissé les renseignemens qu'il avait transmis, et voici comment il s'est expliqué à ce sujet.

Après avoir observé que les faits dénoncés devaient être précisés, le ministre ajoute, « Ainsi, non-seulement pour le département » de....., mais pour tous les autres, dès » que vos préposés s'apperçoivent qu'on n'a » pas fait l'usage convenable de leurs états

» supplémentaires , ou que les droits ont été
» mal liquidés , ou qu'il a été accordé mal-à-
» propos des surséances indéfinies , ils doi-
» vent en donner avis à leur directeur , et
» celui-ci doit rendre compte des faits au
» préfet. »

Cette décision confirme l'opinion que nous avons émise dans notre ouvrage sur les patentes, *verb.* RECEVEURS , n°. 20, où toutes leurs obligations sont détaillées.

ART. 893.

DOMAINES NATIONAUX.

ERREURS INTERVENUES DANS LES TRANSFERTS.

Des rentes exemptes de retenue sont transférées en vertu de la loi du 21 nivose an 8 , et de l'arrêté des Consuls du 21 prairial suivant , comme non exemptes de cette retenue. D'autres ne sont établies sur aucun titre légal , ou sont portées sur les états par double emploi. De rentes à vie , sont cédées comme perpétuelles. Des fermages , enfin , sont transférés parmi des rentes. De quelle manière toutes ces erreurs peuvent-elles être réparées ?

Toutes ces différentes erreurs sont préjudiciables

au trésor public ou aux porteurs de rescriptions , dans l'un comme dans l'autre cas , elles ne peuvent ni nuire ni profiter aux délégataires qui n'ont pu ni empêcher ni prévenir ces erreurs , puisqu'ils n'ont concouru en aucune manière à l'acte de transfert qui leur a été passé , si ce n'est pour y donner leur acceptation.

Pour ramener les choses à leur véritable point et remplir le vœu de la loi et de l'arrêté des consuls , ci-dessus cités , voici de quelle manière on doit procéder. Par un acte subséquent au pied de celui de transfert , il faut faire les changemens nécessaires , soit en transférant de nouvelles rentes en remplacement de celles reconnues non exigibles ou des fermages non susceptibles de transfert , soit en exigeant un supplément de prix de la part du porteur de rescription , lorsque les rentes auront été transférées comme sujettes à retenue , et qu'il sera prouvé qu'elles en sont exemptes , etc. Ce nouvel acte doit , comme le premier , être approuvé par le préfet , il doit être libellé de manière à prévenir l'usage que l'on pourrait faire du premier; on doit en même-tems faire sur les registres et sommiers où les rentes transférées sont énoncées , les mentions convenables.

Ces instructions s'accordent avec celles que l'administration a données dans des circonstances semblables , qui se sont présentées dans plusieurs départemens.

Comme le nouvel acte à rédiger n'a d'autre objet que de rectifier des erreurs qui ne sont pas du fait des porteurs de rescriptions , nous pensons qu'ils doivent être enregistrés sans droits , toutes les fois qu'il n'en résultera pas supplément de prix.

A R T. 894.

ATTRIBUTION.

Arrêté des Consuls de la république , du 19 thermidor an 9.

Les Consuls de la république , sur le rapport du ministre de la justice ;

Vu les pièces relatives à un conflit d'attribution qui s'est élevé entre le conseil de préfecture du département de la Creuze, et le tribunal de première instance de l'arrondissement de Guéret, même département, à l'occasion de la demande formée par Anne-Saint-Maur, veuve de l'émigré Valery Dargier, au père de ce dernier, du montant de ses avantages matrimoniaux, d'une part ;

Et de la demande en garantie formée par le citoyen Dargier, père, contre la république, comme étant aux droits de son fils, notamment par l'effet du partage de présuccession consommé avec lui Dargier, pere, d'autre part ;

Considérant que la demande introduite devant les tribunaux par la veuve du fils Dargier, émigré, contre le cit. Dargier, père, n'a évidemment pour but que d'éluder les dispositions des lois des 25 juillet 1793, premier floréal an 3, et 24 frimaire an 6, d'après lesquelles toutes les reprises des femmes d'émigrés doivent être liquidées et réglées administrativement;

Que l'argument tiré de l'obligation personnelle du père de famille résultante de l'approbation par lui donnée aux conventions faites avec son fils, sous sa puissance, est incapable d'opérer l'exception invoquée par la veuve Dargier;

Qu'en premier lieu, les lois précitées ne font nulle distinction quand elles attribuent aux corps administratifs la liquidation des avantages matrimoniaux et autres droits des femmes d'émigrés;

Qu'en second lieu, la prétention de la veuve Dargier tendrait, par voie indirecte, à constituer la république justiciable des tribunaux ordinaires dans une matière administrative;

Qu'en effet, garante de droit, comme détentrice des biens de l'émigré, la république devrait suivre le sort du garanti, c'est-à-dire, du père de l'émigré, si celui-ci était véritablement actionné devant les tribunaux pour l'adhésion par lui donnée aux conventions matrimoniales dont il s'agit;

Qu'ainsi et par ce circuit, l'une des attributions les plus importantes de l'administration pourrait lui être journellement ravie, et le droit spécial établi en cette matière souvent compromis.

Considérant néanmoins que si, d'après ces motifs, le conseil de préfecture du département de la Creuze, a eu raison de se regarder comme seul compé-

tent , il devait se borner à revendiquer l'affaire , et non
à décider par voie d'évocation , ce qui n'appartient ni
aux tribunaux envers les conseils de préfecture , ni
ceux-ci envers les tribunaux , mais au régulateur commun des uns vis-à-vis des autres ;

Vu l'article 27 de la loi du 21 fructidor an 3 , et
l'article 11 du réglement du conseil du 4 nivose an 8 ,
concernant les conflits d'attributions ;

Le conseil d'état entendu ,

Arrêtent ce qui suit :

Art. Ier. L'arrêté du conseil de préfecture du département de la Creuze , du 12 thermidor an 8 , est
annullé au chef de l'évocation qu'il prononce.

II. Les contestations élevées entre Anne-Saint-Maur,
veuve de l'émigré Valery Dargier , le père de ce dernier , et la République , relativement aux droits matrimoniaux de ladite veuve, seront instruites et jugées par
le conseil de préfecture du département de la Creuze.

III. Il est défendu au tribunal de Guéret de continuer à en connaître.

IV. Les ministres de la justice et des finances sont
chargés de l'exécution du présent arrêté , qui sera inséré au bulletin des lois.

Le premier Consul , *signé* BONAPARTE.

Par le premier Consul ,

Le secrétaire d'état , *signé* H. B. MARET.

ART. 895.
ENREGISTREMENT.
ACTES JUDICIAIRES.

Un jugement porte exécution parée contre
les héritiers du débiteur d'une obligation,
et contient cette disposition : et en tant
que de besoin lesdits héritiers seront
contraints par le présent jugement. De
quel droit ce jugement est-il passible?

On appelle exécution parée celle que l'on
peut faire en vertu de l'acte tel qu'il est, sans

avoir besoin d'autre formalité ni d'autre titre.

Pour qu'un acte pardevant notaire ou un jugement puisse emporter exécution parée, il doit être revêtu des formalités prescrites par les lois.

Les contrats et jugemens qui sont en forme exécutoire, emportent exécution parée contre l'obligé ou le condamné, mais ils n'ont pas d'exécution parée contre leurs héritiers, légataires et autres ayans-cause, qu'on n'ait fait déclarer ce titre exécutoire contr'eux. C'est pourquoi on dit ordinairement que le mort exécute le vif, mais que le vif n'exécute pas le mort.

Pour obtenir l'exécution parée, on passe d'abord au bureau de conciliation, et l'on présente ensuite une requête au tribunal sur laquelle intervient un jugement qui prononce que le titre sera exécutoire contre les héritiers, de même qu'il l'était contre le défunt.

Il n'y a là rien de contentieux, aucune condamnation n'est prononcée ; le jugement est purement de formalité nécessaire pour rendre le titre exécutoire, il est définitif, et comme tel, passible seulement du droit fixe de 3 francs, réglé par l'article 68, § 3, numéro 7 de la loi du 22 frimaire an 7.

La disposition portant que les héritiers seront en tant que de besoin contraints, est surabondante, elle est une suite nécessaire de l'exécution du titre, qui est ordonnée, elle est suppléée de droit, quand elle n'existe pas.

ART. 896.

ACTES DE L'ÉTAT CIVIL.

Les ordonnances sur requête contenant indication du jour pour l'assemblée préliminaire à divorce, doivent-elles être enregistrées sur la minute ?

Non. L'article 7 de la loi du 22 frimaire an 7 porte, que ceux des actes de l'état civil qui sont assujettis à l'enregistrement, ne seront enregistrés que sur les expéditions.

Et l'art. 68, § 2, n°. 8, assujettit au droit de 2 francs fixe les *expéditions des ordonnances* et procès-verbaux des officiers publics de l'état civil, contenant indication du jour ou prorogation de délai pour la tenue des assemblées préliminaires au mariage ou à divorce.

Ces dispositions de la loi sont claires et précises, elles ne peuvent laisser aucun doute sur l'assujettissement de ces ordonnances au droit d'enregistrement sur les expéditions seulement. L'usage qui s'est introduit de les enregistrer sur la minute, est donc abusif et doit être réformé.

ART. 897.

MERCURIALES.

La liquidation des droits d'enregistrement des actes dont le prix est stipulé payable en nature de denrées, doit-elle être faite d'après les mercuriales du marché qui précède immédiatement la date de l'acte, ou d'après les mercuriales de l'année ?

L'article 15 de la loi du 22 frimaire porte ; que dans le cas dont il s'agit il sera fait une évaluation d'après les dernières mercuriales du canton de la situation des biens, à la date de l'acte : cette disposition a fait croire à quelques-uns qu'il fallait à chaque marché renouveller les mercuriales, et que celles du dernier marché devaient toujours servir à régler les perceptions courantes.

Ce ne peut pas être là l'esprit de la loi.

Le prix des denrées varie suivant les années ou les circonstances. Ce n'est point par une valeur du moment que l'on doit les estimer, c'est d'après leur valeur commune, les propriétés ne s'achètent et ne s'afferment que d'après leur prix commun, si on ne les estimait que sur les mercuriales du marché qui a eu lieu au moment de la passation de l'acte, on ferait nécessairement de

fausses estimations ; il est donc , sans difficulté ,
que ce n'est pas le prix du dernier marché , mais
le taux fixé pour les mercuriales de la dernière
année , qui doit servir de base pour la liquidation
des droits des actes dont le prix est stipulé en
denrées , c'est-à-dire, que pour liquider la valeur des denrées stipulées dans un acte passé en
l'an 9 , on prendra le prix commun ou mercuriales de l'an 8.

Au surplus , voir le mot *Mercuriales* , dans
notre Dictionnaire.

ART. 898.

QUITTANCES.

*Dans quel cas le droit doit-il étre perçu
comme quittance finale ou seulement sur
la somme y exprimée ?*

Suivant le nombre 3 de l'article 14 de la loi
du 22 frimaire an 7 , le droit d'enregistrement
des quittances et de tous autres actes de libéra-
tion doit être perçu *sur le total des sommes ou capitaux dont le débiteur se trouve libéré.*

Ainsi le droit d'une quittance finale est exigible sur la somme totale , si la partie ne justifie
de quittances précédemment enregistrées : dans
le cas contraire, il est fait , pour la perception ,
déduction des sommes pour lesquelles le droit a

été perçu. Tel est le principe général. L'application doit en être faite :

1°. A la quittance donnée par un créancier à son débiteur d'une somme quelconque *pour restant* d'une obligation ou de toute autre créance.

2°. A celle donnée par un propriétaire à son fermier, lorsqu'elle énonce que la somme est payée *pour solde* des fermages de toutes les années du bail.

3°. A celle donnée pour restant d'une année de rente ou de fermage ou pour un terme de loyer. La perception doit être faite sur l'année entière pour la première, et sur la totalité du terme pour la seconde.

Cependant, quoiqu'un paiement soit dans le cas de faire présumer des paiemens antérieurs, le droit n'est perceptible que sur la somme exprimée quand il ne résulte de la quittance aucune reconnaissance des parties que ces paiemens ayent été effectués. Ainsi une quittance pour une année d'arrérages, loyer ou fermage fait présumer le paiement des années antérieures, mais l'enregistrement ne peut être exigé que sur la somme y exprimée, si rien n'indique dans la quittance que ces années antérieures ayent été acquittées.

ART. 899.

VISA DES RÉPERTOIRES.

L'amende de dix francs par chaque décade de retard pour le visa des répertoires prononcée par l'article 51 de la loi du 22 frimaire an 7, contre les notaires, huissiers, greffiers et secrétaires des administrations, doit-elle être acquittée en proportion des jours écoulés, ou est-elle due pour trois décades, quand le répertoire n'a été soumis au visa que le 22 du premier mois du trimestre commençant ?

La loi ne contenant aucune explication dans l'espèce, nous pensons quelle doit être exécutée à la lettre, c'est-à-dire, qu'il ne peut être demandé que vingt francs d'amende au fonctionnaire qui n'a soumis son répertoire à la formalité, que le 22 du mois, parce qu'il ne s'est écoulé que 22 jours, et non trois décades depuis le premier du mois, et que l'amende ne peut être payée à raison d'un franc par jour de retard.

ART. 900.

TIMBRE.

Peut-on , sans contravention , ajouter du papier libre à un effet de commerce trop court pour contenir tous les endosse- mens d'un billet à ordre ?

La dimension des effets de commerce est quelquefois insuffisante pour que l'on puisse écrire tous les endossemens , alors les parties sont obligées d'ajouter du papier , à l'effet de commerce ; cette allonge doit-elle être sur papier marqué ?

L'affirmative semblerait pouvoir s'étayer de l'article 12 de la loi du 13 brumaire an 7, qui soumet au timbre tous actes et écritures devant ou pouvant faire titre à un tiers.

Mais elle serait évidemment une erreur. Car le timbre des effets de commerce n'est point dû à raison de la dimension des papiers , mais en raison des sommes qui y sont portées.

Ainsi, un effet de commerce d'un à deux mille francs , quelle que soit son étendue, en quelque nombre que soient les endossemens, n'est sujet qu'au droit d'un franc. S'il ne peut pas contenir tous les endossemens , ce n'est point la faute des parties, elles peuvent sans contravention ajouter du papier libre pour les inscrire.

(*Opinion des Rédacteurs.*)

A R T. 901.

Les feuilles imprimées du prix courant des marchandises, assurances, charges, frais et roulages, sont-elles sujettes au timbre ?

Dans plusieurs villes maritimes, les courtiers font circuler, à des jours fixes de la décade, des feuilles imprimées dans lesquelles ils annoncent seulement les prix courans des marchandises, *sous l'autorisation des tribunaux de commerce.*

La négative a trouvé des partisans sous le prétexte que ces feuilles ne peuvent se comparer à aucun des journaux compris dans la loi, et qu'elles se débitent d'ailleurs sous l'autorisation du tribunal de commerce qui leur donne le caractère d'une mercuriale officiellement publiée pour l'avantage du commerce.

Mais cette opinion est évidemment contraire au texte même de la loi du 6 prairial an 7, qui porte, que *les avis imprimés, quelqu'en soit l'objet, qui se crient et se distribuent dans les rues et lieux publics, ou que l'on fait circuler de toute autre

autre manière, seront assujettis au timbre, à l'exception des adresses contenant la simple indication de domicile ou le simple avis de changement.

Les feuilles dont il s'agit sont de véritables journaux de commerce, elles sont périodiques, se distribuent dans les rues et lieux publics, et ne sont point de simples adresses, elles sont donc évidemment assujetties au timbre. Le tribunal de commerce qui les protége ne peut les exempter du timbre, son autorisation n'a rien de commun avec l'assujettissement au timbre et ne peut changer la nature de ces feuilles imprimées qui sont vraiment des Journaux périodiques.

ART. 902.

PATENTES.

RECOUVREMENS.

Quels sont les réclamans contre leur taxe qui doivent l'acquitter avant de se pourvoir en décharge ou modération ?

Le ministre des finances a donné des instructions à ce sujet, par une lettre qu'il a adressée aux Préfets des départemens, le 28 floréal an 9, et dont la teneur suit :

« Il me paraît, citoyen préfet, que les receveurs » des droits de patentes étaient dans l'usage de surseoir

» à toutes poursuites pour le recouvrement de ces
» droits, lorsqu'il leur était justifié d'une réclamation
» contre la taxe, et qu'un grand nombre de rede-
» vables prenaient le parti de se pourvoir, à l'effet
» d'en éloigner le paiement.

» Pour faire cesser cet abus, un de mes prédéces-
» seurs avait prescrit, le 22 floréal, aux régisseurs de
» l'enregistrement, de recommander à leurs préposés
» de continuer leurs diligences, sans égard aux récla-
» mations, sauf à restituer à ceux qui obtiendraient
» les décharges et modérations, le montant de ce
» qu'ils auraient payé de trop.

» Cette détermination était fondée sur ce que la loi
du premier brumaire an 7, en accordant aux rede-
» vables la faculté de se pourvoir, ne porte point qu'il
» sera sursis à l'exécution des rôles jusqu'à ce qu'il
» ait été statué sur les réclamations.

» Je suis informé néanmoins qu'il s'est introduit,
à cet égard, tant avant que depuis l'établissement
» des préfectures, une diversité d'opinions qu'il est
» important de faire cesser.

» Dans quelques départemens, on a suivi stricte-
» ment la décision du 22 floréal an 7, en rejettant
» toutes les pétitions qui n'étaient point accompa-
» gnées de la quittance du paiement provisoire.

» Dans d'autres, on a considéré que cette avance
» serait souvent injuste et même impossible; et l'on
» y a maintenu, dans tous les cas, l'usage des sur-
» séances, jusqu'au jugement des réclamations.

» Ces deux opinions extrêmes sont également sus-
» ceptibles d'inconvéniens.

» Mon prédécesseur n'a pu avoir en vue que de dé-
» truire un abus contraire à l'exactitude de la rentrée

» des contributions, mais sa décision m'a paru exiger
» quelques distinctions.

» Ceux qui réclament contre une double taxe, soit
» dans deux communes, soit pour l'exercice de deux
» professions dans le même lieu, ceux qui se plai-
» gnent d'erreurs manifestes, soit dans la quantité du
» droit proportionnel, soit parce qu'ils ont été com-
» pris au rôle pour un état qu'ils ont cessé d'exercer
» avant le commencement de l'année ; enfin, ceux qui
« réclament des descentes de classes ou des surséances
» indéfinies, en produisant des certificats authentiques
» de l'impossibilité dans laquelle ils se trouvent d'ac-
» quitter le droit de leur classe ou d'aucune classe quel-
» conque, ne doivent point être tenus du paiement
» provisoire de la totalité de la contribution.

» Il suffit alors que celui qui a été imposé dans deux
» communes, rapporte les quittances des droits fixes
» et proportionnels acquittés dans une, et du droit
» proportionnel qu'il pouvait devoir dans l'autre; que
» celui taxé pour deux professions justifie du paie-
« ment des droits pour celle qu'il exerce réellement,
» et s'il en a deux, de l'acquit de la taxe qui donne
» un plus fort droit.

» On ne doit exiger de celui dont le droit propor-
» tionnel est visiblement surchargé, que la preuve du
» paiement de sa taxe de l'année précédente ou de la
» somme qu'il offrira par à-compte, s'il y a eu aug-
» mentation ou diminution des objets par lui occupés.

« Quant aux descentes de classe, le paiement pro-
» visoire ne doit être exigé que de la somme à la-
» quelle le contribuable serait réduit, et l'on ne doit
» astreindre à aucune avance les véritables indigens.

» Il n'y a donc que ceux qui réclamant, sous de

,, vains prétextes de décharges ou modérations quel-
,, conques, qui doivent être assujettis au paiement
,, provisoire, à peine de rejet de leurs pétitions.

,, Ainsi, en maintenant le principe consacré par la
,, décision du 22 floréal an 7, je vous invite, citoyen
,, préfet, à faire connaître aux sous-préfets de votre
,, département, les circonstances d'après lesquelles les
,, réclamations doivent suspendre les poursuites ; et je
,, vous préviens que le sursis ne doit jamais avoir lieu
,, que sur un bulletin particulier à chaque affaire,
,, signé de vous ou du sous-préfet qui l'ordonnera et
,, qui sera rapporté au receveur des droits de patentes.
,, Veuillez m'accuser la réception de la présente, et
,, tenir la main à l'exécution de ces dispositions.

Signé, GAUDIN.

ART. 903.

DOMAINES NATIONAUX.

COMPENSATION.

Les arrérages d'une rente nationale peuvent
être compensés jusqu'à due concurrence
avec les arrérages et subsidiairement
avec le capital d'une inscription sur le
grand-livre. Mesure à prendre pour ef-
fectuer la liquidation et la compensa-
tion.

Nous avons déjà rapporté plusieurs décisions
relatives aux compensations, mais comme on
avait douté si on pouvait compenser les arrérages d'une rente, lorsqu'on ne compensait

point le capital , nous croyons devoir rappeller celle que le ministre des finances a rendu dans le département de l'Orne , le 4 thermidor an 9 , qui contient des explications utiles sur les formes à suivre pour opérer la liquidation et faire effectuer la compensation. Voici comme s'exprime le ministre : « le cit. R*** est autorisé à

» compenser les arrérages de la rente dont il
» est redevable comme concessionnaire de
» fonds , d'abord avec les arrérages de sa rente
» inscrite sur le grand-livre de la dette pu-
» blique , et subsidiairement avec le capital de
» ladite rente ; en conséquence , il est renvoyé
» à se pourvoir pardevant le préfet du dépar-
» tement , pour faire liquider les arrérages dus
» et échus de la rente par lui due pour opérer
» ladite compensation , il sera délivré par la
» trésorerie nationale audit citoyen , sur le vu
» du certificat d'origine , pour justifier qu'il est
» propriétaire d'inscription sur le grand-livre,
» en qualité de créancier direct de la nation ,
» une rescription du montant des arrérages de
» la rente par lui due à la république , laquelle
» rescription sera ensuite par lui remise au re-
» ceveur des domaines nationaux de l'arron-
» dissement , qui en donnera quittance , et qui
» s'en chargera en recette pour en faire le ver-
» sement comme des autres produits de sa re-
» cette. »

ART. 904.

Les presbytères peuvent-ils être affermés comme les autres domaines nationaux ?

Consulté sur cette question, le ministre des finances a rendu, le 18 thermidor an 9, la décision suivante :

« Les administrateurs des domaines natio-
» naux sont autorisés à affermer par voie d'ad-
» judications aux enchères, comme les autres
» biens nationaux, les maisons ci-devant pres-
» bytérales, non louées ni occupées par des
» écoles primaires, dans les différentes com-
» munes de la république, en insérant dans les
» baux la condition expresse de la résiliation
» sans indemnité, quant à celles de ces maisons
» qui, par suite des opérations prescrites par la
» loi du 26 frimaire an 5, seraient jugées de-
» voir être employées aux écoles primaires.
» Les réparations, savoir, les grosses consta-
» tées indispensables par un rapport d'experts
» en règle, seront supportées par la république
» comme propriétaire, et celles locatives seront
» stipulées à la charge des locataires, suivant
» l'usage.

» A l'égard des maisons presbytérales occu-
» pées par les instituteurs primaires, toutes les

„ dépenses qu'elles pourront exiger , de toute
„ nature, frais d'entretien et même ses con-
„ tributions, doivent être supportées par les
„ communes, et les sommes y relatives. qui
„ auraient été acquittées par les receveurs des
„ domaines seront rétablies dans leur caisse par
„ les percepteurs de ces communes , sur le mon-
„ tant des centimes additionnels destinés aux
„ dépenses communales. „

Cette décision confirme l'opinion que nous
avions émise article 752 de nos Instructions.

———

A R T. 905.

E N R E G I S T R E M E N T.

APPOSITIONS DE SCELLÉS.

De quel droit est passible un acte d'un juge-
de-paix, portant description sommaire
des effets laissés après un décès , sans
estimation ni apposition de scellés ?

On a pensé que cet acte n'étant pas compris dans la loi du 22 frimaire an 7 , ne devait le droit d'enregistrement qu'à raison de

1 fr. fixe , d'après le nombre 51 , §. Ier. de
de l'art. 68. C'est une erreur.

Pour prévenir à la mort d'un individu , la
soustraction des effets de la succession , les
lois ont prescrit l'apposition des scellés sur la
réquisition des parties intéressées. Le but de
cette apposition est rempli par une simple
description sommaire , si la nature et le petit
nombre des effets délaissés le permettent ;
dans ce cas, l'acte qui supplée aux scellés ,
ne peut être considéré , quant à l'application
des droits , que comme une simple apposition des scellés : mais , dira-t-on , cette description équivaut à un inventaire : non , il n'y a
point d'inventaire sans estimation, et la description sommaire ne dispense pas d'y faire procéder par les officiers publics ayant qualité.
Cette description est représentée, lors de l'inventaire avec recollement qui tient lieu de la
levée des scellés. Il doit donc être perçu sur
cet acte , 2 fr. par vacation , comme sur les
appositions de scellés.

A R T. 906.

ACTES JUDICIAIRES.

Un jugement qui condamne deux enfans
à payer à leur mère , une pension ali-

mentaire de 400 *francs*, doit-il être enregistré sur la minute ou sur l'expédition ?

Quel est le droit à percevoir sur ce jugement ?

On a émis, à ce sujet, deux opinions que
nous allons rapporter.

PREMIÈRE OPINION.

On a pensé que ce jugement devait être enregistré sur la minute , conformément aux articles
7 et 69 , §. 2 , n°. 9 de la loi du 22 frimaire
an 7 , et que l'enregistrement n'en ayant pas été
fait dans les vingt jours, il était dû , 1°. comme
donation entre-vifs en ligne directe 1 fr. 25 cent.
par 100 fr. , sur un capital de 4000 fr. formé
au denier 10 de la pension , ... 50 f. „

2°. Un droit de 50 cent. par 100 fr.
sur la même somme . . . . 20 „

PRINCIPAL . . . . 70 „

3°. Le double droit, ... 70 „

TOTAL . . . . . . 140 „

SECONDE OPINION.

D'autres ont dit que le jugement n'était
assujetti à l'enregistrement que sur l'expédition , attendu que l'on ne pouvait pas
supposer que dans l'espèce il y eût un titre antérieur , et que , par conséquent, il y avait

fausse application de l'art. 7 de la loi du 22 frimaire.

Quant à la perception, ils ont pensé qu'elle était régulière pour le principal seulement, parce que le jugement donne l'existence à une constitution de pension gratuite, et que sur cette disposition il y avait lieu de percevoir un demi droit indépendamment de celui de la condamnation.

Ces deux opinions nous paraissent erronnées. En vertu du droit naturel les descendans sont obligés de fournir à leurs ascendans pauvres les moyens d'existence ; s'ils se refusent à remplir ce devoir sacré, les tribunaux sont autorisés à les y condamner.

Dans l'espèce, le titre est le droit naturel, et ce titre n'est pas susceptible d'être enregistré on ne peut donc pas y appliquer, ni l'article 7, ni l'article 69, §. 2 de la loi du 22 frimaire an 7 : ainsi, le jugement n'est pas sujet à l'enregistrement sur la minute.

Il ne donne pas lieu non plus à la perception de deux droits ; l'un, comme constitution de rente, à titre gratuit, et l'autre, comme condamnation ; car ces deux dispositions ne peuvent exister ensemble.

Il n'y a qu'une condamnation assujettie au droit de 5o centimes par cent francs, perceptible, tant sur 4000 f., capital au denier 10, que sur les frais et dépens.

Enfin, pour ne laisser aucun doute sur cette opinion, nous ajouterons que, lorsque le créancier, en vertu d'une loi, d'une coutume, ou tout autre titre légal, a fait condamner son débiteur à lui payer le douaire, etc. que la loi ou la coutume lui assurait, jamais on n'a perçu que le droit de condamnation ; l'espèce au fond est la même, il y a donc lieu de percevoir de la même manière.

ART. 907.

DÉCLATION DE SUCCESSION.

Peut-on exiger le droit d'enregistrement des successions directes sur le montant des dots constituées, lorsqu'elles sont dans le cas d'être rapportées pour le partage entre tous les enfants ?

La plupart des anciennes coutumes voulaient que les enfans venant à la succession de leurs père et mère, rapportassent tout ce qui leur avait été donné précédemment en avancement d'hoirie, mais elles leur laissaient la faculté de garder les biens qu'ils avaient reçus, soit en renonçant à la succession et en assurant la légitime de ceux de leurs frères et sœurs qui n'avaient pas été dotés , soit en prenant moins dans les biens qui restaient au décès de leurs père et mère.

D'après les dispositions de ces coutumes, le rapport des dots ou des avantages en avancement d'hoirie n'était jamais que fictif , car ou ces dots excédaient la portion revenante aux enfans dotés dans la masse de la succession, ou elles étaient inférieures ou d'égale valeur ; dans le premier cas, ils avaient la faculté de s'en tenir à leur contrat de mariage en renonçant à la succession, sauf à parfaire, s'il y avait lieu , la légitime de leurs frères et sœurs ; dans le second cas, ils gardaient les biens qu'ils avaient reçus et prenaient d'autant moins dans la masse. Ainsi dans tous les cas , ils tenaient ces biens, non en vertu du décès de leurs père et mère , mais en vertu des contrats de mariage ou de donation, antérieurs au décès. Ces actes ayant été assujettis dans le tems de leur passation à l'enregistrement, on n'est pas fondé à exiger , ni les droits de déclarations , ni d'autres droits proportionnels , lorsque les dots rapportées sont inférieures ou de valeur égale à la portion revenante aux enfans dotés, dans la masse de la succession.

Mais toutes ces coutumes sont abolies , la nouvelle législation établit l'égalité de partage entre les héritiers directs, la loi du 18 pluviose an 5 veut que tous les avantages , dots , et donations faits depuis le 14 juillet 1789, soient rapportés dans la masse de la succession, elle ne laisse plus la faculté de s'en tenir aux contrats de mariage ou de donation, il en résulte que celui des enfans qui a reçu une dot plus considérable que la part qui lui revient dans la succession, est obligé de rapporter l'excédent : ainsi, on suppose un père de deux enfans qui en a marié un en 1789, et lui a donné par contrat de mariage une somme de cent mille francs ; les événements l'ont ruiné, et il laisse en mourant son second fils sans fortune. L'enfant doté est obligé par les nouvelles lois, de partager sa dot avec son frère, et de rapporter cinquante mille francs.

Il semble que dans ce cas, les droits de succession sont dus sur cette somme de cinquante mille francs, parce qu'elle paraît réellement refondue dans la succession. Celui des deux cohéritiers en faveur de qui se fait le rapport devient propriétaire, il y a donc une mutation ; or le titre de toute nouvelle possession doit être assujetti aux droits. Il y a une mutation par décès, car ce n'est que par suite de la mort du père, et comme héritier, que le fils non doté devient propriétaire : on paraîtrait donc fondé à exiger dans ce cas, **les droits de succession directe.**

Cependant , pour asseoir ce principe , il faudrait qu'il fût démontré que les dotations au profit des enfans n'opèrent pas en leur faveur une mutation sujette au droit proportionnel , et que les biens qui leur ont été constitués n'ont réellement pas cessé de faire partie de l'avoir de leurs père et mère; or, il est certain , au contraire, que ces transmissions, quoique subordonnées à la condition du rapport de la portion qui pourrait excéder la légitime, sont parfaites, et qu'elles dessaisissent les père et mère; elles donnent lieu à la perception du droit proportionnel d'enregistrement, et elles ne seraient assujetties qu'au droit fixe, si on les avait considérées comme éventuelles.

Elles font si peu partie de l'avoir des père et mère , que les créanciers n'y ont aucun droit, et le fisc qui, dans la demande des droits de succession , n'agit que comme créancier ne peut exiger que ceux résultants des biens existans réellement dans la succession, lors du décès, et non compris dans les constitutions des dots antérieures pour lesquelles le droit proportionnel de transmission a déjà été acquitté sur ces actes.

Il est donc certain que le rapport des dots dans tous les cas, ne doit être considéré pour son objet et pour ses effets, que comme un ba-

lancement ou une rectification d'un partage iné-
gal, il ne peut être soumis aux droits de déclaration de succession.

(Décision de l'administration, du 28 thermidor an 9.)

ART. 908.

PATENTES.

*Les commissaires, huissiers-priseurs sont-
ils sujets au droit de patente?*

Les huissiers-priseurs de Paris avaient prétendu être exempts de cette imposition, sur
le motif que la loi du 27 ventose an 9, les a
établis à l'instar des avoués, greffiers et autres
officiers publics, et les a obligés à un cautionnement.

Mais cette loi, en exigeant des commissaires-
priseurs vendeurs, un cautionnement en numéraire, pour sûreté de leur gestion, n'a rien
changé aux dispositions de la loi du 1er. brumaire an 7, concernant la contribution des patentes, qui comprend expressément les huissiers-priseurs, dont les nouveaux commissaires remplissent exclusivement les fonctions,
et il n'y a pas de motif pour dispenser plutôt
ces commissaires du paiement du droit de patente, que les notaires et les huissiers ordi-

naires desquels il a aussi été exigé uu cautionnement en numéraire, et qui sont néanmoins
demeurés assujettis à la patente.

(Décision du ministre, du 28 thermidor
an 9.)

ART. 909.

DOMAINES NATIONAUX.

LOYERS DE MAISON D'HABITATION.

*Comment doit-on payer, actuellement, des loyers
de maisons d'habitation, qui ont pour objet des
jouissances antérieures au 1 vendémiaire an 8.*

Depuis le premier janvier 1791, jusqu'au 15 germinal an 4, les loyers des maisons d'habitation étaient
payables en assignats, sans distinction du tems où le
bail avait été passé, parce que les assignats étaient la
seule monnaie en circulation.

La loi du 15 germinal an 4, qui a réglé l'emploi
des mandats, porte:

« Les loyers des maisons d'habitation dont les baux
» sont stipulés en numéraire, seront payés en man-
» dats. (art. 6.)

» Tous les loyers des maisons *non stipulés en nu-*
» *méraire*, seront payés, *pour le tems qui s'est*
» *écoulé jusqu'au premier germinal courant*, (an 4),
» *comme ils l'ont été pour le terme précédent.*
» (art. 7.)

» Les locataires, *qui n'ont pas de baux par écrit*
» *continueront*

» *continueront de payer de la même manière les trois*
» *mois suivans.* (art. 8.)

» Les locataires qui jouissent *en vertu d'un bail*
» *antérieur au premier nivose de l'an 3*, seront tenus
» de payer en mandats pour le tems qui s'écoulera
» depuis le premier germinal. (art. 9.)

» A l'égard des baux *passés depuis le premier ni-*
» *vose de l'an 3*, les propriétaires et les locataires au-
» ront respectivement la faculté de les résilier en s'a-
» vertissant trois mois d'avance, *si mieux n'aiment les*
» *locataires payer en mandats le prix stipulé dans leur*
» *bail.* La faculté de déclarer la résiliation, devra être
» exercée dans les deux mois à compter de la présente
» loi.

» Les loyers du tems qui écherra , jusqu'à la rési-
» liation effectuée , seront payés comme ils l'ont été
» pour le terme précédent, jusqu'au premier messi-
» dor, et pour le terme postérieur en mandats au 30e.
» du prix stipulé. (art. 10.) »

L'art. 7 de la loi du 9 messidor an 4, maintient
les dispositions de la loi du 15 germinal précédent,
et ordonne qu'elles seront exécutées jusqu'au premier
vendémiaire an 5.

La loi du 21 fructidor suivant, dispose que les loyers
de maisons seront payés en numéraire ou en mandats
au cours, pour le tems qui s'écoulera depuis le premier vendémiaire an 5, sans rien changer aux dispositions des lois précédentes.

Les lois postérieures se taisent sur les loyers des maisons; il s'ensuit que pour le tems qui s'est écoulé avant
le premier vendémiaire an 5, les articles ci-dessus
transcrits de la loi du 15 germinal an 4 doivent servir
de règle pour la liquidation des loyers.

Cela posé, il faut distinguer deux époques, l'une depuis le premier janvier 1791, jusqu'au premier germinal an 4, et l'autre depuis le premier germinal an 4, jusqu'au premier vendémiaire an 5.

Il y a bien aussi le cas de résiliement du bail, mais il est très-rare, et les articles 10 de la loi du 15 germinal an 4, et 3 de celle du 21 fructidor suivant, indiquent le mode à suivre.

Ainsi nous examinerons seulement le mode de liquidation à suivre pour les deux époques distinguées.

La seule difficulté qui se présente, c'est de savoir si on doit réduire en numéraire les assignats ou mandats, *d'après l'échéance des termes stipulés par les baux*, ou si comme, dans la liquidation des arrérages d'intérêts et rentes perpétuelles, on doit les réduire en numéraire, *d'après la réduction qui sera faite du papier-monnaie à chaque époque de dépréciation que présentera le tableau, sans égard aux termes d'échéance stipulés par les baux.*

La loi ne s'explique pas, il faut chercher l'intention du législateur.

Il l'a manifestée, relativement aux intérêts et rentes perpétuelles qui étaient aussi payables en papier-monnaie, comme les loyers presque jusqu'au 1 vendémiaire an 5, et le mode qu'il a indiqué étant plus juste que celui qui résulterait d'une réduction d'après l'échéance des termes de paiement, nous pensons qu'il est préférable, et nous le suivrons dans la liquidation qui suit, et qui rendra plus sensibles nos observations sur cette question.

Nous supposons qu'il s'agit de liquider les arrérages d'un loyer stipulé par un bail pour deux années, commencé le premier germinal an 3, moyennant 1,200 fr.

par année, dont le prix était payable 174 le premier
messidor au 3, et successivement de trois mois en
trois mois, il n'a rien été payé.

Il était dû : 1°. *en assignats*
une année, (du premier germinal
au 3, au premier germinal an 4,)
montant à. . . . .   1,200 liv.   »   »

2°. *En mandats* six mois, (du
premier germinal an 4, au pre-
mier vendémiaire an 5.) . . .   600 liv.   »   »

3°. *En numéraire* 6 mois, (du
premier vendémiaire an 5, au
premier germinal suivant.). . .   600 liv.   »   »

Total pour deux années . . .   2,400 liv.   »   »

Liquidation.

1°. Pour les 1,200 l. assignats,
en numéraire 43 l. 1 s. 1 d. en
francs . . . .   42 fr.   52 c.

2°. Pour les 600 fr. mandats,
en numéraire 40 l. 9 s. 7 den.
en francs . . . .   39 fr.   96 c.

3°. Six derniers mois en nu-
méraire 600 liv. en francs . . .   592 fr.   59 c.

Total à payer en numéraire . .   675 fr.   7 c.

Nous avons fait cette liquidation d'après le tableau
de dépréciation du département de la Seine.

A R T. 910.

COTES NATIONALES.

Dégrévement pour l'an 8 et années anté-
rieures.

La contribution doit être réduite dans la
proportion déterminée et calculée sur les
revenus des biens , d'après les baux ou
locations légalement faits.

Le conseil de préfecture du département de
l'Orne pensait, que pour obtenir le dégrévement
des cotes nationales de l'an 8, établies sur les domaines nationaux susceptibles d'être aliénés , il
fallait demander le rappel à l'égalité proportionnelle.

Le ministre des finances , auquel on avait
soumis cette difficulté, s'explique en ces termes ,
dans une lettre qu'il a adressée au préfet , le 23
thermidor an 9.

« Il paraît , citoyen préfet, d'après une
lettre que j'ai sous les yeux , que la Régie
de l'enregistrement s'est pourvue en dégrévement des cotes nationales pour l'an 8 et les
années antérieures , et qu'elle **a** demandé la réduction de ces cotes au cinquième du produit
net effectif résultant des adjudications ou locations légalement faites. »

,, Le conseil de préfecture n'a point voulu adopter ce principe, qui ne lui paraît, d'après l'article 105 de la loi du 3 frimaire an 7, applicable qu'aux *domaines nationaux productifs exceptés de l'aliénation*, et pense que ceux *productifs et aliénables* doivent être cottisés comme les propriétés particulières.

,, Une lettre que j'ai écrite à l'ex-administration centration centrale de votre département, le 17 floréal an 8, développe, citoyen préfet, les motifs qui m'ont fait penser que le revenu d'une propriété nationale quelconque établi par des baux authentiques, doit servir de base à l'assiette de l'impôt qu'elle devait supporter pour l'an 8 et les années antérieures. Cette décision me paraît d'autant moins susceptible d'inconvénient, que les décharges et réductions prononcées sur ces exercices ne doivent pas être reimposées, et que le vœu de la loi du 27 pluviose, a été principalement d'apurer définitivement toutes les contributions arriérées.

,, Cette décision, au surplus, ne s'applique point à l'an 9 ; à partir de cette année, les propriétés nationales doivent être cottisées comme les propriétés particulières, et il n'y a que l'inégalité proportionnelle comparativement établie qui puisse motiver une réduction de cote.

,, Je vous invite, citoyen préfet, à mettre ces observations sous les yeux du conseil de préfecture, elles doivent faire cesser les difficultés qui ont pu arrêter l'instruction des réclamations relatives aux cotes nationales. J'en donne pareillement connaissance à la Régie de l'enregistrement. ,, *Signé*, G A U D I N.

A R T. 911.

T R A I T E M E N T.

Un receveur dont le bureau a été supprimé, peut-il réclamer une indemnité d'un mois de remise, s'il a été replacé depuis ?

Le ministre des finances a décidé négativement cette question, le 8 fructidor an 9, en observant que la loi du 11 frimaire an 4, et l'arrêté des consuls du 29 vendémiaire an 6, ne sont applicables qu'aux employés supprimés définitivement.

A R T. 912.

E N R E G I S T R E M E N T.

OPPOSITIONS ET MAIN-LEVÉES D'OPPOSITIONS.

Droits d'enregistrement qui en résultent.

Il est dû pour les actes extrajudiciaires, non-seulement autant de droits qu'il y a de disposi-

tions qui ne dérivent pas les unes des autres,
(article 11 de la loi du 22 frimaire an 7), mais
encore la pluralité des droits a lieu, sur les
exploits, par le nombre des demandeurs ou des
défendeurs, qui ont des intérêts différens, sauf
les exceptions déterminées par le numéro 30,
paragr. premier de l'article 68 de la loi précitée.

Ainsi, une opposition ou saisie-arrêt est sujette à autant de droits qu'il y a de particuliers
entre les mains desquels elle est faite, et il est
encore dû un autre droit pour la signification
ou dénonciation qui en est faite au débiteur
principal.

Mais, pour les actes civils, quoiqu'il soit
également dû autant de droits qu'il y a de
dispositions qui ne dérivent pas les unes des
autres, néanmoins il ne peut être exigé qu'un
seul droit pour la main-levée donnée par un
créancier à son débiteur, en quelque nombre
que soient les oppositions qui avaient été formées pour assurer la créance, parce qu'il n'y a
dans le fait qu'une seule disposition relative à un
seul particulier, ayant intérêt à la main-levée.

Quant à la signification de la main-levée
faite aux tiers saisis, il est dû autant de droits
qu'il y a de personnes à qui elle est faite
d'après les principes établis ci-dessus pour les
oppositions.

(*Opinion des Rédacteurs.*)

ART. 913.

DONATIONS ENTRE-VIFS ENTRE ÉPOUX.

Un particulier dote, par contrat de mariage,
sa future, d'une maison dont il lui aban-
donne, dès l'instant, la propriété, à
condition qu'elle n'en aura que l'usufruit,
si elle a des enfans. Cette donation est-
elle sujette au droit proportionnel? Dans
le cas de l'affirmative, à quelle quotité
doit-il être fixé?

Nul doute que le droit proportionnel ne soit
dû lors de l'enregistrement du contrat. La raison
en est que la transmission est actuelle. La surve-
nance d'enfans n'annullerait pas la donation qui
dans ce cas serait seulement réductible à l'usufruit, et l'objet de cette donation ferait partie
de la succession de la future, et passerait à ses
héritiers, si elle décédait sans enfans; ainsi,
le futur est, dès ce moment, dépouillé de
la propriété; la transmission est parfaite, et ne
dépend point des évènemens; dès-lors, aucun
motif ne peut militer pour faire surseoir à la
perception du droit proportionnel.

Quant à la quotité de ce droit, elle doit être
réglée sur le pied de 2 fr. 50 cent., soit que
'on applique à l'espèce le n°. 3 du §. 6 de l'ar-

ticle 69 de la loi du 22 frimaire an 7, ou le second alinéa du nombre 1er. §. 8 du même
article.

Mais la question relative à la quotité du droit
offrirait véritablement une difficulté sérieuse,
si la donation était faite entre époux, hors contrat de mariage ; en effet, la loi ne l'a nullement déterminée dans aucune de ses dispositions. Cependant, l'on ne peut méconnaître
que l'intention du législateur n'ait été de favo-
riser les transmissions entre époux, ce serait
donc s'en écarter, si l'on faisait l'application de
ces sortes de donations aux articles relatifs à
celles faites entre *étrangers*. Nous estimons, en
conséquence, qu'il conviendrait de réduire la
perception telle qu'elle est fixée par le second
alinéa du nombre 2, paragraphe 4 de l'article
69, s'il s'agissait d'objets mobiliers, et par le
nombre 3, paragraphe 6 du même article, si la
transmission avait pour objet des immeubles.

A R T. 914.

E X P E R T I S E

Pour insuffisance d'évaluation ou fraude
sur le prix de ventes.

Les tribunaux peuvent-ils se refuser à
ordonner l'expertise autorisée par les

art. 18 *et* 19 *de la loi du* 22 *frimaire*
an 7 ?

Pour soutenir l'affirmative, quelques - uns
ont dit : les tribunaux sont les juges du mérite des perceptions. La demande en expertise
a pour objet d'étendre celle établie sur un
acte ; ils ont donc qualité pour prononcer le
rejet de la demande.

C'est également à l'autorité judiciaire qu'est
attribué le droit de statuer s'il existe une contravention , et d'appliquer la peine prononcée
par la loi. Elle peut donc juger que la contravention qui donne lieu à l'expertise n'est pas
suffisamment présumée.

A ce motif, on répond : Il faut distinguer
dans l'exercice de l'autorité judiciaire , les cas
où elle n'a qu'à légaliser le mode d'exécution des lois et ceux où elle a à statuer définitivement. L'ordonnance qui doit intervenir
sur la demande en expertise est purement interlocutoire ; elle ne préjuge point la question
que l'expertise peut seule éclairer. Jusques-là
le juge est passif, la loi le contraint à rendre
l'ordonnance qui lui est demandée ; en l'accordant , il remplit la formalité qui lui est
imposée. D'ailleurs , c'est le vœu de l'art. 18 ;
il porte expressément : l'expertise *sera ordonnée*

dans la décade de la demande ; elle ne laisse donc aucun prétexte à l'arbitraire.

Nous estimons d'après cela que les tribunaux ne peuvent refuser l'ordonnance dont il s'agit.

ART. 915.

PROCÈS-VERBAUX DES GARDES-FORESTIERS.

Les administrateurs des forêts avaient proposé au ministre des finances, d'exempter les procès-verbaux des gardes-forestiers de la formalité de l'enregistrement à laquelle ils sont soumis en débet. Ils observaient que la date est suffisamment constatée par l'affirmation de ces procès-verbaux, et que l'absence des gardes nuisait à la conservation des forêts.

Mais ces actes sont formellement assujettis à la formalité de l'enregistrement par la loi du 22 frimaire an 7 , et le ministre a pensé qu'ils ne pouvaient en être déclarés exempts que par une loi nouvelle, dont la nécessité ne lui paraissait pas justifiée.

Voici comme ce ministre s'explique à ce sujet, dans sa lettre du 8 fructidor an 9 , à ces administrateurs :

« Les gardes , pour affirmer leurs procès-
» verbaux , sont obligés de se transporter de-
» vant le juge-de-paix ou ses assesseurs , et il
» en est peu qui résident dans des communes où
» il n'y a pas de bureau d'enregistrement. Ainsi
» les deux fonctions ne doivent le plus sou-
» vent exiger qu'un seul déplacement. Dans le
» cas contraire , comme l'enregistrement peut
» se faire , soit au bureau dans l'arrondisse-
» ment duquel le garde est domicilié , soit à
» celui dans l'étendue duquel il a été verbalisé ,
» il n'est pas vraisemblable que l'éloignement
» de l'un ou de l'autre de ces bureaux , soit tel
» qu'il puisse détourner le garde de ses fonc-
» tions d'une manière préjudiciable aux inté-
» rêts de la république. Il peut d'ailleurs trou-
» ver, dans les quatre jours que la loi accorde ,
» des occasions sûres pour y faire parvenir ses
» procès-verbaux.

» D'après ces considérations que j'ai été dans
» le cas de peser plusieurs fois, ainsi que mes
» prédécesseurs , et qui ont porté plusieurs
» administrations centrales à reconnaître que les
» inconvéniens dont il s'agit, avaient été
» exagérés , je me persuade que vous penserez
» vous-mêmes qu'il n'existe pas de motifs assez
» puissans pour revenir à ce sujet sur les dis-
» positions de la loi du 22 frimaire an 7.

ART. 916.

DONATION MUTUELLE.

Les biens recueillis par l'effet d'une do-
nation mutuelle faite et revêtue des for-
malités perscrites antérieurement à la
loi de l'enregistrement, sont-ils sujets à
déclaration ?

Pour soutenir la négative ou excipait du
principe général qui veut que les lois ne puissent avoir d'effet rétroactif, et on prétendait
qu'au moins les droits payés lors de la donation, devaient être déduits sur ceux à acquitter dans le cas d'un nouvel enregistrement.

Consulté sur cette question par un époux
survivant, le ministre a fait, le **8** fructidor
an 9, la réponse suivante :

« Je vous observe, qu'à l'époque où il a été
» passé entre vous et votre épouse une dona-
» tion mutuelle, ces sortes d'actes étaient sujets
» à deux droits très-distincts, le contrôle et
» l'insinuation, le centième et demi-centième
» denier; le premier se percevait au moment
» de la passation de l'acte, pour lui donner
» l'authenticité et la validité; le second n'était
» exigible que lors de l'événement de la do-
» nation. Ces droits ont été supprimés par la

» loi du 19 décembre 1790 , et remplacés par
» les droits d'enregistrement payables sur les
» déclarations que les donataires sont tenus de
» faire, lors du décès , de la valeur des biens
» donnés éventuellement. La loi du 22 fri-
» maire an 7 a fixé la quotité de ces droits ,
» et celle du 27 ventose dernier, en la confir-
» mant, ayant ordonné en principe que les
» liquidations en seraient faites en conformité
» de la loi précitée, quelles que soient la date
» et l'époque des actes à enregistrer , il s'ensuit
» qu'il n'y a point de rétroaction, et comme il
» résulte des renseignemens que je me suis pro-
» curés, que vous n'avez payé que la somme
» de 30 francs pour les droits de contrôle et
» d'insinuation , et non ceux de centième et
» demi-centième denier , perceptibles pour
» l'entrée en jouissance des donations qui sont
» indépendans des premiers , et dont les droits
» d'enregistrement tiennent lieu , il ne peut y
» avoir de motif d'autoriser la déduction que
» vous demandez. Je vous préviens seulement
» que les droits de contrôle et d'insinuation
» que vous avez payés au tems de la donation
» représentant toutes les impositions alors
» subsistantes sur les dispositions mobiliaires ,
» les effets mobiliers que vous avez recueillis à
» titre de donation mutuelle , ne doivent pas être

,, compris dans la déclaration que vous êtes tenu
,, de faire en cette qualité. ,,

ART. 917.

T I M B R E.

*Comment doit-on procéder contre les fermiers des
droits d'entretien des routes qui ne tiennent pas
de registres ?*

On avait pensé que ces fermiers , qui sont tenus
d'avoir des registres en papier timbré , aux termes de
l'article 12 de l'arrêté des consuls , du premier floréal
an 8 , pouvaient être poursuivis au paiement des amendes prononcées par la loi du 13 brumaire an 7 , et à
la restitution des droits du timbre.

Mais les peines portées par l'article 24 de cette loi ,
ne sont applicables qu'à ceux qui tiennent en papier
libre des registres qui doivent être en papier timbré ;
par conséquent , cet article ne peut être invoqué dans
l'espèce.

Le parti à prendre est de poursuivre ces fermiers en
paiement d'une somme qui, par apperçu, représente les
droits de timbre qu'ils auraient dû acquitter, et d'exiger qu'à l'avenir ils tiennent des registres en papier
timbré.

S'ils ne satisfont pas à cette demande , il faut leur
faire une dernière sommation , la communiquer au
préfet , et l'inviter à provoquer la résiliation du bail
auprès du conseil de préfecture.

Cette marche nous paraît fondée , 1°. sur ce que
l'obligation de tenir des registres en papier timbré ,

est prescrite par l'article 12 de l'arrêté des consuls du premier floréal an 8 , transmis par la circulaire, n°. 1815, et dont les dispositions ont dû être insérées dans l'adjudication; 2°. sur ce que suivant l'article 9 du même arrêté dont les dispositions ont dû être également insérées dans l'adjudication , le fermier a consenti à la résiliation et à la folle enchère en cas d'inexécution des conditions auxquelles il a souscrit , 3°. enfin sur ce que l'article 11 du susdit arrêté prescrit la forme de procéder, que nous indiquons lorsqu'il y a lieu de faire prononcer la résiliation du bail.

ART. 918.

POURSUITES.

PRESCRIPTION.

Un commandement signifié en l'an 8 , pour le recouvrement de droits d'enregistrement ouverts avant la loi du 22 frimaire an 7 , autorise-t-il, quoiqu'il n'ait pas été suivi d'autres poursuites , à réclamer le paiement de ces droits , dont la demande serait prescrite, si ce commandement n'avait pas été signifié?

La loi du 19 décembre 1790 , article 18 , porte : « Toute demande et action tendante à un supplément » de droit, sur un acte ou contrat, sera prescrite *après* » *le délai d'une année* , à compter du jour de l'enre- » gistrement ; les parties auront le même délai pour » se pourvoir en restitution.

» Toute

193

» Toute contravention par omission ou insuffisance
» d'estimation, d'évaluation, dans les déclarations
» des heritiers, sera pareillement prescrite après le laps
» de *trois années.*

» Enfin toute demande de droits résultans de suc-
» cessions directes ou collatérales, pour raison de biens,
» meubles ou immeubles, réels ou fictifs échus en pro-
» priété ou en usufruit par testament, dous éventuels ou
» autrement sera prescrite après le laps de *cinq années,*
» à compter du jour de l'ouverture des droits. »

La lo additiounelle du 9 octobre 1791, article 25,
a ajouté à ces dispositions, « la prescription des droits
» dûs sur des actes publics antérieurs à la loi du 19 dé-
» cembre 1790, *et non insinués* aura lieu après *cinq*
» *ans,* à compter du jour de leur date. »

Les articles que nous venons de rapporter, n'ont
pas été changés jusqu'à la publication de la loi du
22 frimaire an 7.

Mais l'article 61 de cette loi qui fixe les délais pour
la prescription des droits d'enregistrement est terminé
par cette disposition : « Les prescriptions ci-des-
» sus seront suspendues par des demandes signi-
» fiées et enregistrées avant l'expiration des délais,
» *mais elles seront acquises irrévocablement, si les*
» *poursuites commencées sont interrompues* PEN-
» DANT UNE ANNÉE, *sans qu'il y ait d'instance*
» *devant les juges compétens, quand même le pre-*
» *mier délai pour la prescription ne serait pas expiré.*

Cette dernière disposition a fait croire, que dans
l'espèce, le commandement n'ayant pas été suivi
d'autres poursuites, ni d'une instance, la prescription
était acquise.

Mais c'est une fausse induction. Il s'agit ici de droits

ouverts avant la loi du 22 frimaire an 7, et l'article 73 de cette loi, porte : « Les loix antérieures con-» tinueront d'être exécutées, à l'égard des actes faits » et des mutations par décès effectuées avant la publi-» cation de la présente, il est sans difficulté que les loix ci-dessus rapportées, doivent servir de règle.

Or, comme il est de droit commun qu'un commandement suspend la prescription pendant 30 années, et les loix antérieures à celle du 22 frimaire an 7, n'y ayant pas dérogé en ce qui concerne les droits d'enregistrement, nous pensons que dans tous les cas où il a été fait un commandement, quoique ce commandement n'ait pas été suivi d'autres poursuites, la prescription ne peut être opposée à la république, qu'après 30 ans, à compter de la date de la signification du commandement, *pourvu qu'il s'agisse de droits ouverts avant la loi du 22 frimaire an 7.*

Si on opposait à cette opinion la loi du 27 ventose an 9, nous répondrions que cette loi ne contient rien de contraire à notre avis, puisque son but seul a été d'établir l'uniformité dans les perceptions, et non de frustrer la république d'un droit acquis avant l'existence de cette loi.

ART. 919.

DOMAINES NATIONAUX.

RENTES AFFECTÉES A L'ACQUIT DE FONDATIONS.

Le conseil de préfecture du département de l'Eure avait pensé que les ex-curés ne pouvaient pas jouir, en même tems, des fonda-

tions de messes, et du traitement fixé par le
décret du 12 juillet 1790.

On a représenté que le décret ci-dessus cité et
cique du 10 septembre suivant et un autre du 26
septembre 1791, ont laissé aux curés la jouissance des fondations de messes dans les églises
paroissiales, que le décret du 18 février 1791
n'est relatif qu'aux fondations affectées avec
des immeubles reels, et que, par conséquent,
jusqu'à la publication de la loi du 13 brumaire
an 2, qui a déclaré, sans exception, propriété
nationale, l'actif affecté aux fondations, les
curés ont dû en jouir.

La difficulté soumise au ministre des finances, il a décidé le 18 thermidor an 9, en ces
termes :

« Les ci-devant curés ayant été autorisés par
les lois des 24 août et 15 décembre 1790, à recevoir, indépendamment de leur traitement,
les rentes affectées à l'acquit des fondations
de messes et autres services dans les églises
paroissiales, et la loi du 18 février 1791,
n'étant applicable qu'aux immeubles réels
affectés à l'acquit desdites fondations, les arrêtés de l'ex-administration centrale et du
conseil de préfecture du département de
l'Eure, des 12 vendémiaire an 3, et 3 pluviose an 9, portant que les rentes affectées à

l'acquit d'une fondation de messes dans l'église de ladite commune, que l'ex-curé a touchées depuis la promulgation de la loi du 18 février 1791, jusqu'en l'an 2, seront restituées, seront regardées comme non avenus. „

***

ART. 920.

REMISES.

Les Employés supérieurs peuvent-ils jouir de la remise d'un pour cent accordé aux receveurs sur les recettes des droits de routes, lorsqu'ils occupent les bureaux de perception par interim ?

Oui.

Cette remise est d'une nature différente que celle sur les autres droits. Elle n'appartient point à l'administration. C'est une indemnité accordée par l'article 18 de l'arrêté du gouvernement, du premier floréal an 8, à ceux qui feront la recette des droits de route. C'est une gratification personnelle.

(Solution de l'Administration, du 18 fructidor an 9).

ART. 921.

LOIS

Et arrêtés relatifs à la perception des impositions indirectes.

Un arrêté des Consuls du 9 fructidor an 9, proroge pour l'an 10 les droits établis sur les spectacles, bals, concerts et autres fêtes publiques.

Il s'exprime ainsi :

ARTICLE PREMIER.

Les dispositions de l'article 2 de la loi du 21 ventose an 9, relatives à la prorogation pour l'an 10, des contributions directes et indirectes de l'an 9, sont applicables aux droits établis sur les spectacles, bals, concerts, courses, exercices de chevaux et autres fêtes publiques : en conséquence, l'arrêté du 7 fructidor an 8, continuera de recevoir son exécution pour l'exercice de l'an 10.

ART. II.

Le ministre de l'intérieur est chargé de l'exécution du présent arrêté.

ART. 922.

ENREGISTREMENT.

DROITS DE SUCCESSION D'UN ABSENT.

Le partage provisoire des biens d'un absent, est-il suffisant pour demander les droits de succession ?

Trois héritiers possédaient des biens indivis provenant de la succession de leur père commun.

L'un d'eux est absent, les deux autres veulent sortir de l'indivis, et pour y parvenir ils composent trois lots qui ont été tirés au sort.

Le partage ainsi consommé, les deux héritiers présens font, sans entendre nuire aux droits de leur frère absent, le partage provisoire de son lot, en convenant que les biens seront affermés pour en verser le prix dans les mains du maire de la commune, jusqu'à parfaite conviction du décès, ou de la vie de l'absent.

On demande si les droits de succession sont exigibles sur la portion du frère absent, dont il est fait ici partage provisoire.

Les héritiers se refusent au paiement. Ils prétendent que les précautions prises par eux démontrent assez qu'ils reconnaissent n'avoir aucun droit à la chose; le partage qu'ils font, n'est que conditionnel, et il demeurera sans effet, si leur frère n'est point décédé. Ils ne peuvent d'ailleurs faire aucun acte de propriété avant que la justice les ait envoyés en possession, et l'époque de l'absence ne date pas de dix ans.

D'ailleurs, l'art. 24 de la loi du 22 frimaire an 7, porte que le délai de six mois ne courra que du jour de la mise en possession pour la succession d'un absent; cette loi suppose donc qu'on ne peut exiger les droits de successsion dans le cas, dont il s'agit.

Cependant, si cet avis prévalait , le trésor public se trouverait privé du droit de succession ; car les héritiers n'auraient qu'à justifier de la mort de l'absent , il leur suffirait de faire un compte avec le dépositaire des fruits , ce compte arrêté par acte sous seing-privé , serait inconnu ; et on ne pourrait pas demander les droits.

Il faut donc revenir aux principes ; les partages provisoires sont comme les partages définitifs , une disposition de la propriété. Ainsi , sans s'embarrasser de l'usage que les héritiers peuvent faire des revenus , ni s'ils ont ou non rempli les formalités judiciaires pour se faire autoriser au partage , il suffit que le partage ait été fait pour qu'on puisse regarder les partageans comme ayant disposé de la propriété , le droit de succession est par conséquent exigible , quelle que soit la date de l'absence de celui dont les biens sont partagés , et le délai court du jour du partage.

(Solution de la Régie du 15 prairial an 9.)

A R T. 923.

S U C C E S S I O N,

L'administration de l'enregistrement peut-elle , par préférence à tous les créanciers chirographaires , même à une autre administration dans laquelle le défaut a

contracté un débet , exiger , pour le
paiement des droits de succession , les
sommes qui restent , après le prélèvement
de toutes les dettes hypothécaires?

Voici l'espèce. Un directeur de la poste meurt
laissant une succession grevée de dettes hypothécaires , et un débet dans sa régie. Les biens
de sa succession à laquelle les héritiers ont
renoncé , sont vendus par expropriation forcée,
et le prix en a été distribué aux créanciers inscrits. Il n'est resté qu'une somme de 500 francs
provenant des loyers des biens , et les droits de
la succession s'élèvent à 600 francs.

L'administration des postes réclame cette
somme pour le paiement du débet , celle de
l'enregistrement la demande pour les droits de
succession , ni l'une ni l'autre de ces deux administrations n'ont pris d'inscription aux hypothèques. Toutes les deux auraient la préférence
sur les autres créanciers chirographaires, parce
qu'elles exerceraient également le privilège qui
suit le recouvrement des deniers publics , sans
égard à l'antériorité de l'origine de la créance
respective.

Mais, soit que les loyers, dont il s'agit, soient
échus antérieurement au décès , soit postérieu-

rement , l'administration de l'enregistrement
doit avoir la préférence dans le cas, dont il s'agit.

En effet, 1°. si l'échéance des loyers est antérieure à la date du décès , ils font partie du
mobilier de la succession , ils entrent dans la,
composition des objets pour lesquels le droit de
succession est dû, ce qui constitue en faveur
de l administration un privilège exclusif et spécial sur la chose , tandis que l'administration
des postes ne peut exercer qu'un privilège général de préférence aux créanciers ordinaires.

2°. Si l'échéance des loyers est postérieure à
la date du décès , ils sont également affectés
par privilège spécial aux mêmes droits de succession , d'après les dispositions précises de
l'art. 32 de la loi du 22 frimaire an 7, il est vrai
que n'ayant point pris d'inscription au bureau
des hypothèques , l'administration des domaines ne peut exercer de recours contre les acquéreurs qui ont purgé , mais il s'agit ici de
loyers courus au profit de la succession débi-
trice , et non au profit desdits acquéreurs qui ,
par conséquent , n'ont aucun intérêt dans la
distribution du prix de ces loyers , puisqu'ils ne
sont point entrés dans leur jouissance.

Il paraît donc certain que dans l'espèce,
l'administration des domaines a le droit

de réclamer la préférence sur le prix des loyers.

ART. 924.

POURSUITES ET INSTANCES.

La Régie a-t-elle à défendre sur une contrainte devant un autre tribunal que celui, dans l'arrondissement duquel, est situé le bureau, dont le receveur est poursuivant?

Plusieurs tribunaux ont pensé le contraire. Ils se sont fondés sur des motifs qui, au premier aspect, semblent mériter faveur; ils ont invoqué d'abord le principe constitutionnel qui veut que nul ne soit distrait de ses juges naturels, et l'appliquant à l'espèce, ils ont dit : nulle loi n'accorde un privilége d'exception à l'administration de l'enregistrement, pour la défense dans les instances relatives à la perception des droits. Elle est demanderesse lorsque son préposé décerne une contrainte, son action dèslors en cas de contestation, doit être portée au tribunal dans l'arrondissement duquel est domiciliée la partie actionnée. Elle est représentée dans toute la république, devant tous les tribunaux, les intérêts qu'elle est chargée de défendre, ne peuvent souffrir d'être juges par tel ou tel tribunal.

Ils ont prétendu ensuite que l'article 2 du titre 14 de la loi du 11 septembre 1790, qui veut que les actions civiles relatives à la perception des impositions indirectes , soient jugées en premier et dernier ressort, par les juges de district dans l'arrondissement duquel était établi le bureau où devait être perçu l'impôt qui occasionnait l'instance , ne pouvait être invoqué , attendu la loi du 27 pluviose an 8 , sur la nouvelle organisation des tribunaux.

On pourrait soutenir avec avantage que ce seul article juge la question en faveur de l'administration. Il suffit , en effet , qu'elle n'ait point été abrogée par la loi d'organisation des tribunaux actuels, pour qu'elle conserve toute sa force. Mais une disposition plus précise de la loi du 22 frimaire an 7 lève tous les doutes. Elle porte au second parag. de l'article 64 , « l'exécution de la contrainte ne pourra être » interrompue que par une opposition formée » par le redevable , et motivée avec assigna- » tion à jour fixe devant le tribunal civil du » département. *dans ce cas, l'opposant sera tenu* » *d'élire domicile dans la commune où siège le* » *tribunal* ». Ainsi , le législateur a prévu que le redevable pouvait être domicilié dans un autre département que celui de la situation du bureau ; dans ce cas, il a voulu qu'il élût un

nouveau domicile. Les arrondissemens des tribunaux ont été changés, mais le principe ne l'a
point été. La république doit attendre sans
doute la même justice dans tous les tribunaux,
mais l'instruction des affaires souffrirait évidemment, si elles pouvaient être suivies à 20 ou 100
lieues du bureau où elles ont pris naissance. La
contrainte est, au vœu de la loi, le premier acte
de poursuite, elle nantit par le fait le tribunal
dans l'arrondissement duquel elle est rendue
exécutoire.

Nous pensons donc que les jugemens qui,
dans l'espèce, ont retenu la compétence, sont
susceptibles d'être réformés.

<hr>

ART. 925.

DROITS DE GREFFE.

*Un jugement portant adjudication de plu-
sieurs lots d'immeubles, doit-il le droit
de rédaction à raison de 50 centimes par
100 francs, sur les 5 premiers mille fr.
du prix de chaque lot, ou le prix de tous
les lots doit-il être réuni pour percevoir
50 cent. pour 100 fr., sur les 5 premiers
mille fr., et 25 cent. par 100 sur le surplus ?*

Pour soutenir la perception du droit de 50

centimes par 100 francs , sur les cinq premiers
mille fr. de chaque lot , on a dit, que l'adjudication étant faite à divers particuliers , le prix
de leurs adjudications ne devait pas être cumulé;
qu'autrement il serait très-difficile de répartir
le droit entre chacun des adjudicataires , pour
lesquels chaque lot adjugé devenait une vente
particulière, qui ne devait avoir rien de commun
avec les autres.

Nous ne pensons pas que ce mode de perception soit régulier, nous croyons que le droit
de rédaction de la minute d'une adjudication
en plusieurs lots , doit être perçu sur le prix
cumulé des différens lots ; savoir , 50 centimes
pour 100 sur les cinq premiers mille francs ,
et 25 cent. sur le surplus.

Notre opinion se fonde sur ce que le droit
de rédaction représente le salaire du greffier pour
le travail de la rédaction, qu'il n'y a qu'une
minute de rédigée, qu'elle ne contient qu'un
seul préambule et le détail de la nature , con-
sistance et situation des biens , des titres de propriété et des conditions de la vente , qui forment la presque totalité de la minute d'une
adjudication, dans laquelle les enchères tenaient
peu de place.

Quant au remboursement du droit au greffier par les adjudicataires , nous estimons qu'il

doit être fait par chaque adjudicataire, en proportion du prix du lot par lui acquis.

ART. 926.

DROITS DE MESSAGERIES.

Comment doit-on liquider le droit proportionnel à payer par un entrepreneur de voitures publiques, partant à jour et heure fixes d'une ville de France pour une ville de l'Etranger, et retournant également à jour et heure fixes de cette dernière ville, pour le lieu de son départ ? Dans quel bureau le droit doit-il être acquitté ?

Sur la première question, nous observons que la république n'a établi, et n'a pu établir des droits de messagerie, que sur des voitures qui, parcourent les routes de son territoire, soit que l'on considère ce droit comme un droit de souveraineté, ou comme une indemnité du dommage que les voitures occasionnent aux routes publiques, dont les réparations sont à la charge du trésor public.

Ainsi nous pensons qu'il y a lieu de liquider le droit proportionnellement. Exemple :

Une voiture part de l'intérieur pour l'étranger. La distance du lieu du départ à celui de l'ar-

fixée est de 40 lieues, et la somme sur laquelle le droit proportionnel serait exigible, si la route à parcourir était dans l'intérieur, est de cent francs ; mais du lieu du départ à la frontière il n'y a que 20 lieues.

LIQUIDATION.

Pour l'aller, moitié de la somme de 100. fr. ci............................. 50 fr.

pour le retour, *idem*........... 50

TOTAL......... 100 fr.

dont le dixième est de 10 francs pour chaque voyage.

Quant à la deuxième question, comme il n'y a pas de bureau au lieu du départ pour le retour, c'est au lieu du départ pour l'aller que le droit doit être perçu en totalité ; la circulaire numéro 1130 ne pouvant être appliquée à l'espèce.

ART. 927.
PATENTES.

Mode à suivre pour statuer sur les réclamations en matière de patentes.

Les réclamations pour patentes, doivent être renvoyées au contrôleur des contributions directes, qui doit rassembler tous les éclaircissemens dont elles sont susceptibles, mais, si elles sont évidemment mal fondées et n'ont pour objet que de retarder le paiement, par des prétentions inadmissib es , il doit l'établir sur le champ et en proposer le rejet. Si au contraire elles sont susceptibles de verifications qu'il est à portee de faire lui-même , il doit s'y livrer aussitôt et transmettre son avis au sous-préfet. Par-là , l'instruction est prompte , sans cesser d'être régulière, attendu que les faits étant clairement établis , il serait superflu de demander des renseignemens qui ne serviraient qu'à éloigner la décision.

Ce mode s'applique à toutes les réclamations pour droits fixes et proportionnels , s'il s'agit d'erreurs évidentes au préjudice des redevables ou de prétentions notoirement hazardées de leur part et même aux surséances et descentes de classe demandées par des individus qui , par des ressources quelconques , indépendantes de leur profession , ont des moyens de payer la taxe.

Mais toutes les fois qu'un contrôleur n'est pas en état de donner un avis suffisamment motivé , celui du maire est nécessaire , et c'est souvent un bien de prendre aussi celui du receveur des patentes.

Le maire ne peut refuser de donner le sien, sous prétexte que l'arrêté du 24 floréal ne le prescrit pas, mais ordonne de prendre celui des répartiteurs de la commune. Cette disposition n'est applicable qu'aux contributions directes , et nullement à celle des patentes , absolument étrangère à ces répartiteurs.

(Décision du ministre des finances du 28 fructidor an 9.)

ART. 928.

LOIS

Et arrêtés relatifs à la perception des impositions indirectes.

Arrêté du troisième jour complémentaire an 9.

Les Consuls de la république, sur le rapport du ministre des finances, arrêtent ce qui suit :

Art. 1er. Il y aura un directeur général de l'administration de l'enregistrement et des domaines, et huit administrateurs, dont deux spécialement destinés à faire des tournées extraordinaires, d'après les ordres particuliers du ministre des finances.

II. Le directeur général dirigera et surveillera toutes les opérations.

Il travaillera seul avec le ministre :

Il donnera les instructions générales ;

Il fera former les états des produits, et en remettra les résultats au ministre ;

Il fera former les états des versemens dans les caisses du trésor public ; il en remettra egalement les résultats au ministre.

III. Pour l'exécution du dernier paragraphe de l'article précédent, il y aura, près du directeur général, un contrôleur général des recettes, qui sera nommé par le ministre des finances, sur la présentation du directeur général du trésor public.

Il sera spécialement chargé de réunir tous les états des versemens faits par les receveurs de l'enregistrement dans les caisses des départemens, et de s'assurer que les versemens sont parvenus au trésor public.

Il remettra tous les mois au directeur général du trésor public l'état de comparaison par département, des recettes faites avec les versemens effectués au trésor public.

IV. Le directeur général de l'enregistrement fera la division du travail par matières, entre les six administrateurs. Chacun d'eux sera en conséquence chargé de la suite d'une ou de plusieurs branches de perception dans toute l'étendue de la république , le tableau de cette répartition sera soumis à l'approbation du ministre des finances. Cette répartition ne pourra être changée qu'avec l'approbation du ministre.

V. Les administrateurs se réuniront en conseil d'administration , ce conseil sera présidé par le directeur général.

VI. Les affaires contentieuses seront rapportées dans ce conseil : elles seront décidées à la majorité des voix. Les administrateurs seuls délibéreront ; en cas de partage d'opinions, le directeur général les départagera ; il pourra , lorsqu'il le jugera nécessaire, suspendre l'effet d'une délibération, afin d'en référer au ministre.

VII. Les nominations aux places de directeurs et d'inspecteurs seront présentées au ministre par le directeur général , et proposées par le ministre au premier consul.

Les nominations aux autres places seront faites par le directeur général, en conseil d'administration.

VIII. Le directeur général présentera incessamment au ministre des finances une organisation des bureaux de Paris, adaptée aux dispositions du présent arrêté, avec la fixation du traitement des employés. Le tableau de cette organisation sera soumis à l'approbation des consuls.

IX. Le traitement du directeur général sera de 25,000 francs ; il ne participera point aux remises.

Le traitement des administrateurs se composera du traitement fixe actuel et des remises qui ne pourront porter le traitement de chaque administrateur au-delà de 18,000 francs.

X. Le ministre des finances est chargé de l'exécution du présent arrêté, qui sera inséré au bulletin des lois.

Le premier Consul, *signé*, BONAPARTE.

Par le premier Consul ,

Le secrétaire d'état, *signé*, H. B. MARET.

———————————

Arrêté du même jour.

Bonaparte, premier Consul de la république, arrête ce qui suit :

Art. Ier. Le citoyen *Duchâtel*, conseiller d'état, est

nommé directeur général de l'administration de l'enregistrement et des domaines.

II. Le ministre des finances est chargé de l'exécution du présent arrêté.

Le premier Consul, *signé*. BONAPARTE.

Par le premier Consul,

Le secrétaire d'état, *signé*, H. B. MARET.

Arrêté du même jour.

Bonaparte, premier Consul de la république, sur le rapport du ministre des finances, arrête ce qui suit :

Art. 1er. Les citoyens *Lacoste*, *Chardon-Vaniéville*, *Garnier-Deschenes*, *Barairon*, *Bochet*, *Hourier-Eloy*, *Poissant*, *Ginoux*, administrateurs actuels, sont nommés administrateurs de l'enregistrement et des domaines.

II. Le ministre des finances est chargé de l'exécution du présent arrêté.

Le premier Consul, *signé*, BONAPARTE.

Par le premier Consul,

Le secrétaire d'état, *signé*, H. B. MARET.

Arrêté du 4e. jour complémentaire an 9.

Uniforme des administrateurs et préposés de l'administration de l'enregistrement et du domaine.

Les Consuls de la république, sur le rapport du ministre des finances, le conseil d'état entendu, arrêtent :

Art. 1er. L'uniforme des administrateurs et préposés de la régie de l'enregistrement et du domaine national, sera ainsi qu'il suit :

L'habit à collet et revers de drap vert foncé, doublé de même, gillet blanc, culotte ou pantalon vert foncé, chapeau français, et une épée.

II. L'habit sera brodé en argent, d'un dessin en feuilles et épis, avec une baguette unie sur le bord, suivant le modèle joint au présent arrêté.

III. La broderie sera selon le grade, savoir :

Pour les administrateurs, aux collet , paremens , pattes et tour extérieur des poches, avec la baguette seulement autour de l'habit.

Pour les directeurs des départemens, aux collet , paremens , et à la patte des poches , sans baguette autour de l'habit.

Pour les inspecteurs, aux collet et paremens.

Pour les vérificateurs , au collet.

Le gilet des administrateurs sera brodé , celui des directeurs sera entouré seulement d'une baguette , celui des inspecteurs et vérificateurs sera uni.

IV. L'habit des receveurs aura la baguette autour du collet et des paremens , avec deux boutonnières conformes à la baguette à chaque côté du collet et des paremens.

Le bouton sera pour tous de métal blanc , ayant au pourtour des épis , et portant au milieu le mot *Domaines* , et le chiffre *R. F.*

Le chapeau avec gance d'argent et petit bouton de même modèle que celui de l'habit.

L'arme, un sabre français, un ceinturon blanc avec plaque au milieu.

VI. Le ministre des finances est chargé de l'exécution du présent arrêté , qui sera inséré au bulletin des lois.

Le premier Consul , *signé*, BONAPARTE.

Par le premier Consul ,

Le secrétaire d'état, *signé*, H. B. MARET.

A R T. 929.

E N R E G I S T R E M E N T.

Une procuration enregistrée et annexée au contrat passé par le mandataire, pour justifier de ses pouvoirs , produit-elle un droit d'enregistrement particulier pour le dépôt , indépendamment de celui qui se perçoit pour le contrat.

Les uns se fondant sur les dispositions du nombre 26 , parag. 1er. de l'art. 68 de la loi du

22 frimaire an 7 , prétendent qu'il est dû , dans ce cas , le droit fixe de 1 franc , comme dépôt d'acte chez un officier public.

D'autres pensent avec plus de raison , que cette annexe ne donne lieu à aucun droit particulier ; voici leur motif : Le mandataire qui passe un acte en vertu d'une procuration *en forme* , que le notaire annexe à cet acte , représente le mandant lui-même , en se renfermant dans les bornes des pouvoirs qui lui ont été donnés ; le contrat qu'il consent n'est donc pas un dépôt : c'est le contrat que la partie elle-même eut passé , si elle eut été présente ; il ne fait avec la procuration qu'un seul et même acte ; il doit donc être dénommé par sa nature , soit de bail , soit de vente , soit d'obligation , soit de quittance, suivant son objet. Ainsi, il ne doit résulter aucun droit particulier de l'annexe , qui n'est faite que pour justifier , dans tous les tems , de l'identité de la procuration.

Nulle difficulté , au surplus , que le droit fixe d'un franc ne fut dû , si le fondé de pouvoir , au lieu d'annexer la procuration à un acte qu'il consentiroit , déposoit seulement cette procuration chez un notaire ou autre officier public ; ce serait alors un dépôt pur et simple de pièces passible , comme tel du droit fixe d'un franc.

ART. 930.

DÉCLARATION DE COMMAND.

La déclaration de command , faite au pied d'un procès-verbal d'adjudication sur ex-propriation forcée , sans justification de pouvoirs , à la faveur de l'art. 19 de la loi du 11 brumaire an 7 , dispense-t-elle l'enchérisseur de faire réserver dans l'acte d'adjudication sa faculté d'élire un command , ainsi qu'il est prescrit par l'article 68 , parag. 1er. , numéro 24 de la loi du 22 frimaire an 7 ?

A défaut de cette omission , la déclaration ou élection de command, même dans les 24 heures de l'adjudication, donne-t-elle ouverture au droit proportionnel ?

La loi du 11 brumaire an 7 , porte, art. 19 : ,, Tout citoyen peut enchérir par lui-même ou ,, par autrui. Ceux qui enchériront pour un ,, tiers, ne peuvent être contraints de justifier ,, de leurs pouvoirs ; mais ils sont tenus de ,, faire, au pied du procès-verbal d'adjudica-,, tion, dans les 24 heures qui suivront leur ,, déclaration en command ; faute de quoi ils ,, seront réputés adjudicataires directs, et tenus, ,, comme tels , de satisfaire à toutes les charges ,, et suites de l'adjudication.

La loi du 22 frimaire an 7 , art. 69 , n°. 24 , parag. 1er. des actes soumis au droit de 1 franc fixe , s'exprime ainsi : ,, Les déclarations ou ,, élections de command ou d'ami , lorsque la ,, faculté d'élire un command a été réservée ,, dans l'acte d'adjudication ou le contrat de ,, vente , et que la déclaration est faite par acte ,, public et notifiée dans les 24 heures de l'ad- ,, judication ou du contrat. ,,

De ce que cette dernière loi ne parle point des adjudications sur expropriation forcée , on a prétendu que , dans l'espèce , la réserve de command n'étoit point de rigueur , mais s'il n'existe aucune analogie entre les dispositions précitées des deux lois des 11 brumaire et 22 frimaire an 7 , l'exécution des unes ne dis- pense pas de se conformer aux autres. En effet , les premières , en prescrivant aux adjudicataires d'un immeuble exproprié de faire leur déclara- tion dans les 24 heures , au profit de celui pour qui ils ont agi , faute de quoi ils seront réputés adjudicataires directs , n'ont eu d'autre objet que d'assurer les droits et actions des autres créanciers intéressés dans l'expropriation , au lieu que , par l'obligation imposée par la loi du 22 frimaire an 7 , à ces adjudicataires , de faire énoncer dans le procès-verbal d'adjudication leur faculté d'élire un command , le législateur

a voulu obvier à toute revente en fraude des
droits. Ainsi, l'adjudicataire sur expropriation
forcée, ne peut s'affranchir de l'obligation de
réserve ; sous prétexte qu'il s'est conformé aux
dispositions de la loi du 11 brumaire an 7 ; et à
défaut, la déclaration est sujette au droit proportionnel de 4 pour 100 comme revente. (Décision du ministre, du 8 fructidor an 9.)

A R T. 931.

DISPOSITIONS TESTAMENTAIRES.

Les legs en faveur des pauvres, sont-ils
passibles du droit d'enregistrement, dé-
terminé par le parag. 4 de l'art. 69.

Oui : la loi du 19 décembre prononçait au
titre des exceptions une modération à moitié
des droits des différentes classes, sur tous les
actes contenant transmission aux hôpitaux et
autres établissemens de bienfaisance, mais cette
exception ne peut être invoquée sous l'empire de
la loi du 22 frimaire an 7 ; elle assujettit tous
les actes de libéralité à cause de mort entre collatéraux au droit de 1 f. 25 c. par cent, et ne contient au titre des exceptions, aucune disposition de faveur pour les établissemens de bienfaisance.

ART. 932.

CAUTIONNEMENT. — GARANTIE.

Un particulier consent qu'un autre hypo-
thèque spécialement sur sa maison , une
rente de 600 francs dont il est débiteur ?

Sous le prétexte que cette espèce d'acte n'était
pas tariffé dans la loi du 22 frimaire an 7 , on
a pensé qu'il ne devait que 1 franc fixe de droit
d'enregistrement.

L'acte dont est question réunissant tous les
caractères d'un cautionnement, et devant en
avoir les effets dans le cas de demande en garantie , nous pensons qu'il est sujet au droit de 50
centimes par cent sur le capital au denier vingt
de la rente.

ART. 933.

SAISIE DES TRAITEMENS.

La loi du 21 ventose an 9 , qui détermine
dans quelle proportion l'on peut saisir
les traitemens des employés civils , est-elle
applicable à un employé reliquataire
pour débet , et ses héritiers peuvent-ils
réclamer son traitement échu ?

Cette loi , en fixant la quotité saisissable des
traitemens , déclare indirectement insaisissable
la portion restante pour parfaire la totalité. Les

héritiers ayant les mêmes droits que celui auquel ils succèdent, on a pensé que, dans le
cas dont il s'agit, ils pouvaient réclamer la portion insaisissable du traitement, sauf à laisser
pour le trésor public à compte sur le débet, la
portion saisissable.

Cette opinion est évidemment erronnée. En
effet s'il s'agit d'un receveur, ses remises ne lui
sont point dues, tant qu'il n'a point rendu ses
comptes et réalisé toutes ses recettes. S'il s'agit
d'un employé à traitement fixe, le gouvernement
ne peut le lui payer qu'autant qu'il aura reçu lui-
même ce qui lui est dû. C'est une compensation naturelle et il est sans difficulté que la loi,
dont est question, n'est pas applicable à l'espèce,
et que le traitement doit être retenu en totalité.

(Solution de l'administration du 12 fructidor an 9.)

A R T. 934.

Un vérificateur de l'enregistrement ne peut être ac-
tionné pour injures verbales, relativement aux
informations qu'il est obligé de prendre pour
l'exercice de ses fonctions.

Jugement de cassation rendu le 29 germinal an 9
sur le rapport du citoyen COCHARD.

CONTRE LE Cit. H A M E L,

Au mois de floréal an 4, le citoyen Jean Hamel,
fut nommé par l'administration municipale de Beau-

vais, commissaire, pour procéder à la vente de différens objet mobiliers déposés dans l'eglise Saint-Mi-
chel de cette ville, et provenant des églises du district.

La vente eut lieu les 21, 22, 23 et 24 floréal ; 4,
5 et 6 prairial an 4 ; le procès-verbal porte le prix
des effets vendus à 1,190,910 liv. *assignats*, valeur
nominale.

Le citoyen Cornebize, chargé en sa qualité de vérificateur, d'examiner les procès-verbaux de vente du
mobilier national, fut singulièrement frappé, de voir
que des objets valant, suivant l'opinion commune de
35 à 40,000 liv. en numéraire, n'eussent produit
au trésor public par le jeu des versemens, qu'une modique somme de 2,277 liv.

Il consigna cette découverte dans son journal de la
dernière quinzaine de vendémiaire an 9.

Avant de diriger aucune poursuite, le citoyen Cornebize crut devoir, ainsi qu'il est d'usage en pareil
cas, s'expliquer directement et franchement avec le
citoyen Hamel, l'engager à revoir son compte, et à
payer ce qu'il trouverait redevoir à la nation.

Hamel reçut d'abord cette ouverture d'une manière
froide et pensive, mais le lendemain il vint lui-même
retrouver Cornebize, et s'expliqua avec lui comme un
homme qui a pris le parti de braver.

En continuant les informations, Cornebize reçut
tant verbalement que par écrit, des avis de plusieurs
particuliers, portant que lors des ventes de l'an 4, ils
avaient acheté et vu acheter en numéraire, différens
articles exposés par le commissaire Hamel, qu'ils
croyaient même que les affiches imprimées avaient an-
noncé une vente en numéraire.

La résistance de Hamel aux voies de conciliation

obligeaut Cornebize de suivre les formes juridiques, il fut dans le cas de s'adresser au citoyen Mesenguy, secrétaire de la municipalité de Beauvais, pour lui demander le procès-verbal descriptif et estimatif, qui qui avait précédé les ventes de l'an 4.

La demande en ayant été faite plusieurs fois inutilement, Cornebize fit une nouvelle tentative dans les derniers jours de vendémiaire an 9, auprès du citoyen Mesanguy qu'il rencontra dans le bureau du citoyen Laurey, receveur de l'enregistrement, en présence d'un commis, et dans un moment où il n'y avait aucun étranger.

Les explications nécessaires à l'occasion de cette demande furent rapportées au citoyen Hamel, et par lui saisies avidement dans l'intention de détourner les poursuites dont il se voyait menacé pas son opiniâtreté.

Par exploit du premier brumaire an 9, il fit donner une assignation à Cornebize, pour comparaître devant le tribunal de police de Beauvais, à l'effet de se voir condamné à lui faire *réparation d'honneur;* sur ce qu'il avait dit, que lui Hamel avait vendu des effets *en numéraire*, et les avait porté sur son procès-verbal *en assignats*, propos qui avait été tenu *méchamment et témérairement* dans l'intention d'attaquer sa réputation, pourquoi, il serait condamné en 600 liv. de dommages et intérêts.

L'audience indiquée d'abord au 5 brumaire, fut remise au 11 du même mois.

Dans l'intervalle, le 8 brumaire, Cornebize déposa au greffe du tribunal criminel le procès-verbal, qu'il avait dressé pour constater les contraventions commi-

ses par Hamel, conformément à l'article 13 de la lo
du 14 avril 1793.

Le 11 brumaire, Cornebize paraissant à l'audience,
conclut à ce que Hamel fut déclaré purement et simplement non-recevable, attendu qu'il le recherchait pour
des explications et des faits *qui tenaient essentiellement à ses fonctions de vérificateur.*

Il observa en outre que le tribunal de police ne pouvait statuer, avant que le tribunal criminel eut prononcé sur les faits contenus dans son procès-verbal.

Le tribunal de police rejettant ces exceptions pé-
remptoires, ordonna qu'il serait passé outre à l'au-
dition des témoins, au nombre de trois : savoir, 1°. le
citoyen Laurcy, receveur de l'enregistrement, 2°. le
commis du receveur, 3°. le citoyen Mezenguy.

Cornebize déclara alors qu'il allait se retirer, ne
pouvant plaider devant un tribunal incompétent.

A l'instant même, le tribunal de police le condamna
par défaut à *faire réparation d'honneur* à Hamel, et
à lui payer 600 *liv. de dommages et intérêts,* pour
avoir dit *avec humeur,* qu'il avait versé des assignats
dans la caisse de la nation, tandis qu'il avait touché du
numéraire.

Cette condamnation fut appuyée sur les articles 154,
158 et 605 du code du 3 brumaire an 4.

Cornebize forma opposition à ce jugement dans l'u-
nique intention de faire rectifier des vices de rédaction
dans ses moyens de défense.

Les parties revinrent à l'audience du premier frimaire
an 9, où Cornebize insista sur les moyens d'incompétence.

Le tribunal de son côté persista dans son opinion,
rejetta l'intervention de l'administration des domaines,

qui avait cru devoir prendre le fait et cause de son préposé, et remit la cause au 5 frimaire, pour être statué sur le mérite de l'opposition, quant au fond.

Mais, Cornebize n'ayant voulu, ni dû paraître pour plaider au fond devant un tribunal incompétent, il intervint ce jour 5 frimaire, un jugement qui débouta de l'opposition au jugement du 11 brumaire précédent.

Cornebize s'étant pourvu en cassation contre ces différens jugemens, proposa principalement trois moyens de cassation par l'organe du citoyen Hiart-du-Parc, son défenseur, à l'audience de la section criminelle du tribunal de cassation, du 29 germinal an 9.

Le premier consistait dans une violation de l'article 8, du code du 3 brumaire an 4, qui dit, que l'exercice de l'action civile est suspendue tant qu'il n'a pas été prononcé définitivement sur l'action publique intentée avant ou pendant la poursuite de l'action civile.

Le procès-verbal dressé par Cornebize, le 8 brumaire an 9, soumettait Hamel à l'exercice d'une action criminelle.

Il était inconvenant que le tribunal de police eût admis, après cette époque, l'exercice d'une action civile tendante à faire regarder Cornebize *comme auteur d'injures verbales*, relativement aux mêmes faits, *qu'il avait consigné par écrit.*

Il y avait donc nécessité de suspendre, jusqu'après la décision du tribunal criminel, et le jugement du tribunal de police était nul, comme précipitamment rendu.

Le second moyen de cassation reposait sur une fausse application de l'article 605 du code du 3 brumaire, en ce que le tribunal de police avait transformé *en*

injures verbales de simples explications nécessaires
pour l'exercice des fonctions de Cornebize.

Le défenseur a développé à cet égard la nature des
fonctions d'un vérificateur de l'enregistrement, et la
manière dont Cornebize les avait exercées.

D'un côté un vérificateur est essentiellement obligé
par état de faire des recherches sur les malversations
commises , par la mauvaise foi et la cupidité.

Ces recherches ne peuvent se faire , sans explication
sur les faits et les personnes, lorsqu'il s'agit de recou-
rir aux dépositaires des pièces et renseignemens.

Ses explications peuvent être au désavantage des
personnes qui ont malversé , mais elles ne sont pas une
injure, parce qu'elles ont pour but de constater des faits
de la part de ceux qui sont chargés de les recueillir.

A la vérité , un vérificateur serait répréhensible s'il
répandait prématurément dans le public des inculpations
hazardées.

Mais , telle n'avait pas été la conduite de Cornebize;
il avait demandé des renseignemens au citoyen Mezenguy , fonctionnaire public , *dans l'intérieur d'un bureau* , en l'absence de toute personne étrangère.

Il était donc impossible de reconnaître dans ce pro-
cédé une injure verbale , puisque Cornebize n'avait aucun intérêt d'injurier Hamel , qu'il ne connaissait pas.

Le troisième moyen consistait dans un excès de pouvoir résultant de ce que le tribunal de police , après
avoir condamné Cornebize à faire réparation à Hamel,
avait ajouté qu'à ce défaut , *son jugement en tiendrait
lieu* , ce qui était une peine d'amende honorable non-
prévue , ni autorisée par le code pénal.

Le citoyen Arnauld , substitut du commissaire près
le tribunal de cassation , avait conclu à la cassation

par les trois moyens que l'on vient d'analyser, mais le tribunal a motivé son jugement seulement sur les deux derniers.

Il paraît qu'il n'a pas statué sur le premier, par la considération, que l'on ne se serait pas pourvu à tems contre le jugement du premier frimaire an 9, qui avait rejetté l'exception d'incompétence.

Mais le tribunal a adopté le principal moyen qui assure la garantie des employés de l'enregistrement, et prohibe toute vexation contre leurs personnes à raison de fonctions souvent pénibles, lorsqu'il s'agit de constater des fraudes et des malversations.

A R T.   935.

D O M A I N E S   N A T I O N A U X.

F O N D A T I O N.

Un testateur a légué à ses neveux une rente, à la charge de l'employer en œuvres pies ou actes de bienfaisance, à leur volonté, sans aucune désignation, ni affectation particuliere, cette rente appartient-t-elle à la république ?

On avait pensé que cette rente était devenue nationale, au moyen du décret du 13 brumaire an 2, qui a réuni au Domaine, tout l'actif affecté à des fondations; mais les appelés à la jouissance de cette rente, pouvant l'employer à tels œuvres pies qu'il leur plaira, on ne pouvait raisonnablement prétendre qu'il y eut dans ce legs, une

une fondation de la nature de celles que le décret du 13 brumaire a pour objet.

En conséquence, le ministre des finances a décidé le 22 fructidor an 9, que cette rente devait appartenir aux légataires.

A R T. 936.

FRAIS DE VENTE D'IMMEUBLES.

Les administrateurs de département qui ont fait toutes les opérations préliminaires et nécessaires pour opérer les ventes, mais dont la délivrance du contrat n'a été faite que depuis leur remplacement, peuvent-ils exiger la remise que la loi leur accordait ?

On peut dire, en faveur des ex-administrateurs, que la jouissance des soumissionnaires devenus propriétaires remonte au jour de leur soumission, que toutes les opérations préparatoires ayant été achevées, la rétribution leur est acquise.

Mais c'est une erreur. En effet, les dispositions de l'arrêté du 7 thermidor an 8 s'appliquent indistinctement à toutes les ventes qui n'étaient pas entièrement consommées avant sa publication. Or, les administrations supprimées n'ont dirigé que les opérations prélimi-

naires aux ventes , mais ne les ont pas consommées ; il n'y a donc aucun motif de leur
accorder la remise dont ils ont dû jouir sur les
ventes entièrement consommées.

ART. 937.

*Les rentes de fondation sont-elles suscep-
tibles de la retenue pour les impositions ?*

La loi du 3 frimaire an 7 autorise les propriétaires débiteurs d'intérêts de rentes de toutes
natures , creées avant la publication du décret
du 20 novembre 1790 , à faire à leurs créanciers , dans la proportion de la contribution
foncière , une retenue quoique non établie par
les contrats , sans préjudice néanmoins aux
clauses expressément contraires.

En s'attachant littéralement à ces dispositions ,
il semblerait que du moment qu'un acte cons-
titutif de rentes quelconques , antérieures au 20
novembre 1790 , n'impose point formellement
l'obligation de s'acquitter sans nulle réduction ,
le redevable doit nécessairement profiter de
l'objet de la retenue prescrite. Par la même
raison , les rentes obituaires hypothéquées sur
des biens-fonds , paroissent devoir être passibles
du même avantage , toutes les fois que les con-

trats qui les constituent ne renferment aucune
stipulation contraire.

Cependant, les rentes de fondation sont
dans une espèce particulière : elles se payaient
sans retenue, parce que le clergé était censé la
supporter lui-même, par le paiement des dé-
cimes ; les rentes obituaires, en particulier,
étaient en quelque sorte le salaire et la rétribution des services pieux, pour lesquels elles
avoient été créées, et cette rétribution ne pouvait jamais souffrir aucune déduction.

Les fondateurs avoient tacitement contracté
l'obligation de n'exiger aucune retenue sur l'objet
de leur libéralité. Le titre de la fondation étoit
censé contenir l'obligation de servir la prestation ou la rente annuelle, sans aucune déduction.
Les rentes de cette nature sont donc exemptes
de la retenue pour les impositions.

A R T. 938.

E N R E G I S T R E M E N T.

*Donation entre-vifs, à laquelle on a apposé
le retour légal. Quels droits percevoir,
et par qui doivent-ils être acquittés ?*

Le retour légal est un droit par le moyen duquel le donateur recouvre, par le décès du
donataire, les choses qu'il lui avait données.

La loi du 23 ventose an 2 porte qu'il n'est

rien innové par l'article 74 du décret du 17
nivose, à l'égard des donations antérieures au
5 brumaire, aux effets du retour légal dans les
pays, et pour les cas où ce droit aurait lieu.

Le retour légal peut donc aujourd'hui s'exercer encore pour les donations antérieures au 5
brumaire ; on demande quels sont les droits
auxquels il donne ouverture.

Quelques-uns ont pensé qu'il donnait lieu
au droit proportionnel, parce qu'il paraît opérer
une translation de propriété des mains du donataire décédé à celles du donateur, qui recouvre les biens qu'il avait donnés.

Mais c'est une erreur. Lorsque le donateur
rentre dans ses biens, ce n'est que par la seule
force de la loi. Il n'y a point de mutation à
son égard, parce que le droit de retour ou de
reversion est inhérent à la donation, qui est
présumée faite sous cette condition, quoiqu'elle n'y soit pas exprimée.

(Décision de la Régie, du 15 fructidor an 9.)

A R T. 939.

VÉRIFICATION DE RÉPERTOIRES.

*Comment doit-on procéder envers un no-
taire qui, par des absences continuelles,
se soustrait à la vérification de son répertoire ?*

L'article 52 de la loi du 22 frimaire an 7,

porte : « indépendament de la représentation
» ordonnée par l'article précédent , les no-
» taires , huissiers , greffiers et secrétaires , se-
» ront tenus de communiquer leurs répertoires
» à toute réquisition aux préposés de l'enre-
» gistrement , qui se présenteront chez eux
» pour les vérifier , à peine d'une amende de
» 5o francs en cas de refus.

» Le préposé , dans ce cas , requerra l'as-
» sistance d'un officier municipal , ou de l'a-
» gent , ou de l'adjoint de la commune du
» lieu , pour dresser , en sa présence , procès-
» verbal du refus qui lui aura été fait. »

Cette dernière disposition indique suffisamment le mode de procéder en cas d'absences
réitérées d'un officier public ; l'employé supé-
rieur doit d'abord l'inviter, par lettre, à lui indiquer le jour où il pourra procéder à son opération. Si cette démarche reste sans effet , il
doit demander au maire de la commune de la
résidence de l'officier public , une injonction à
cet officier de se trouver dans son étude aux
jours et heures indiquées , à défaut de quoi ,
son absence sera prise pour refus de communi-
cation de répertoire. Il requerra ensuite le
juge-de-paix de s'y transporter à l'heure indiquée , et si l'officier public ne s'y trouve pas , ou
refuse de communiquer ses minutes et son ré-

pertoire, il sera rapporté procès-verbal de son absence ou de son refus.

(*Opinion des Rédacteurs.*)

ART. 940.

RENTES VIAGÈRES.

Un contrat de constitution d'une rente viagère au denier trente, est-il sujet à l'insinuation légale pour sa validité ? peut-il se faire par un acte sous signature-privée ?

L'ordonnance de 1731 sur les donations veut, dit-on, que les actes qui les contiennent soient passés pardevant notaires, et qu'ils soient insinués. Or, il y a donation dans l'espèce, puisque communément les rentes viagères sont créées au denier dix, et que celle dont il s'agit est constituée à un taux inférieur même à celui des rentes perpétuelles : donc cette constitution ne peut ni être faite validement sous signature-privée, ni produire d'effet, si elle n'est insinuée.

A la vérité il y a donation au cas particulier, mais il ne s'ensuit pas que l'acte qui la contient soit nul, à défaut d'insinuation, d'un contrat notarié.

En effet, la tradition réelle de la somme pour laquelle la rente viagère a été constituée, ayant été faite au donataire, la donation a reçu toute sa perfection et sa consommation par cette tradition. Il n'est donc pas nécessaire qu'elle soit établie par un acte. Aussi l'acte sous signature-privée de constitution de la rente viagère, ne se fait-il pas pour établir la donation, mais pour constater la charge sous laquelle cette donation a été faite. C'est un titre récognitif de cette charge, qui est valide sous signature-privée, et sans la formalité de l'insinuation.

ART. 941.

QUESTION PROPOSÉE.

Quels sont les effets des simples billets? Quels sont ceux des billets à ordre? des droits de timbre et d'enregistrement de ces actes?

Le simple billet est la promesse de payer une somme à la personne dénommée.

Par le billet à ordre, on s'engage à payer 1000 francs, par exemple, à un particulier ou à son ordre, c'est-à-dire, à celui à qui on aura transféré l'effet, par un endossement sur le billet.

Il existe plusieurs différences entre ces actes.

1°. L'action résultant du simple billet ne peut passer à un tiers, que par un transport *ignifié par le cessionnaire ou débiteur du billet.*

Cette signification est indispensable pour dé-
pouiller le cédant. Jusques-là ses créanciers
peuvent saisir la créance, ou le débiteur se libé-
rer valablement entre ses mains.

Au contraire, l'ordre passé au dos d'un billet
à ordre, pour valeur reçue et exprimée, dépouille le propriétaire de ce billet ; celui au
profit de qui l'ordre est passé, en est saisi, et
le paiement doit lui en être fait.

2°. Lors du transport d'un simple billet, le
cédant ne garantit point la solvabilité du débiteur, s'il n'y a clause expresse, mais seulement
que la créance lui appartient.

Mais l'endossement oblige l'endosseur à procurer le paiement de la somme à celui à qui il
a passé son ordre, et qui lui a payé la valeur.

3°. Le cessionnaire d'un simple billet, n'est
pas tenu de faire ses diligences dans un délai
limité, lorsque, par le transport, on lui a garanti *la solvabilité du débiteur.*

Au contraire, l'ordonnance du commerce de
1673 veut que le protêt d'un billet à ordre, en
cas de refus de paiement, soit fait dans les dix
jours, si le billet est pour prêt d'argent, et dans
le délai de trois mois, s'il est pour marchandises
ou autres effets.

Enfin, quant à l'enregistrement, les billets à
ordre sont passibles du droit de 50 centimes par

100 francs. L'endossement est exempt de la formalité : les simples billets et leur transport sont soumis au droit d'un franc par 100 francs.

Quant au timbre, les premiers sont sujets au droit de timbre gradué; les seconds au timbre de dimension.

A R T. 942.

H Y P O T H E Q U E S.

Un particulier vend un immeuble par voie d'enchères, et sur publications *volontaires*, au tribunal de première instance, de la situation de cet immeuble.

Le cahier des charges contient cette clause : « outre le privilège accordé par la loi au ven- » deur, sur l'immeuble vendu, pour le paie- » ment de son prix, il *aura hypothèque sur tous* » *les biens de l'adjudicataire.* »

On demande, si en vertu de l'adjudication faite d'après cette clause, le vendeur a une hypothèque *judiciaire et générale sur les biens de l'acquéreur*, et s'il peut requérir l'inscription déterminée par la loi du 11 brumaire an 7, pour l'hypothèque résultant d'une *condamnation judiciaire* ?

L'hypothèque résultant d'une condamnation

judiciaire, affecte les biens appartenant au *débiteur* lors du jugement, l'inscription peut en être requise sans qu'il *soit besoin de désignation de biens grevés.*

Toute stipulation volontaire d'hypothèque doit au contraire *indiquer la nature et la situation des immeubles hypothéqués;* elle ne peut comprendre que des biens appartenant au débiteur lors de la stipulation, mais elle s'étend à toutes les améliorations qui y surviendront. L'inscription dans ce cas doit *indiquer l'espèce et la situation des biens sur lesquels le créancier entend conserver son hypothèque et privilège.*

D'après ces dispositions de la loi, il est constant que dans l'espèce d'une licitation ou d'une vente sur publication *volontaire*, la nature et la situation des biens affectés et grevés doivent être *indiquées*, par la raison que la vente est consentie volontairement par le vendeur, devant le juge, comme elle eut pu l'être devant un notaire; qu'il n'y a point de condamnation judiciaire, point de *débiteur* contraint par le tribunal. Si l'inscription ne peut être légalement faite, à *défaut de désignation des biens grevés*, le vendeur ne peut que s'imputer de n'avoir pas stipulé, que l'acquéreur affecterait au paiement de la vente tel immeuble de valeur suffisante pour en répondre, et de n'avoir point exigé qu'il le

désignât, en signant le procés-verbal d'adjudication, si toutefois l'immeuble vendu ne lui
offrait pas une sûreté suffisante par l'inscription
d'office autorisée par l'article 29 de la loi du
11 brumaire an 7.

ART. 943.

COMPTABILITÉ.

Les bons de fournitures de conscrits rentrés en paie-
mens de domaines nationaux, en exécution de
l'arrêté des Consuls du 9 floréal an 8, doi-
vent-ils être versés à la caisse du receveur géné-
ral, ou du payeur des dépenses diverses ?

Dans plusieurs départemens ces bons ont été refusés
par les receveurs-généraux et les payeurs des dépenses
diverses.

Le ministre des finances consulté sur ce point, a répondu le 4 vendémiaire an 10 :

« Ce refus est fondé en principe, parce que d'une part,
» les bons de conscrits ne seront pièces comptables et
» admissibles dans les caisses de la trésorerie, qu'après
» que la dépense qu'ils ont acquittée aura été régularisée
» par les ordonnances du ministre de la guerre, et de
» l'autre, cette dépense faisant partie du service mi-
» litaire, le payeur des dépenses diverses n'a aucune
» part à y prendre.

« Cependant comme les receveurs ont déjà en caisse
» ceux de ces bons versés dans la subvention de guerre,

» en exécution de l'article 17 de la loi du 27 brumaire
» an 8 , je ne vois nul inconvénient à ce qu'ils reçoi-
» vent ceux provenant des ventes de domaines ; c'est
» même un moyen de les réunir , en attendant leur ré-
» gularisation définitive.

» J'invite à cet effet le directeur général du trésor pu-
» blic à donner ordre aux receveurs généraux de les ad-
» mettre provisoirement , et j'écris en même tems au
» ministre de la guerre , pour provoquer les mesures
» qu'exige la mise en règle des dépenses d'organisation
» des bataillons des conscrits. »

A R T. 944.

P O U R S U I T E S E T I N S T A N C E S.

Un tribunal retient la compétence d'une affaire
dont il ne devait pas connaître , comment doit-
on agir?

La loi du 2 brumaire an 4 s'exprime ainsi : « Le recours
» en cassation contre les jugemens préparatoires et
» d'instruction ne sera ouvert qu'après le jugement dé-
» finitif ; mais l'exécution même volontaire de tel ju-
» gement ne pourra , en aucun cas , être opposée comme
» fin de non-recevoir. »

D'après cette disposition , il convient d'obtempérer
avec réserve au jugement , de poursuivre celui à intervenir sur le fond de la contestation , et de le déférer à
l'administration , qui , sur ce jugement définitif , exer-
cera son recours au tribunal de cassation.

Il faut observer cependant que s'il s'agissait d'une incompétence en matière administrative dont l'autorité judiciaire ne doit pas connaître, il y aurait lieu au recours au conseil-d'état, contre le jugement interlocutoire, au vœu de la loi du 21 fructidor an 3.

Cet article fait suite à celui 924 de notre feuille n°. 104.

ART. 945.

DOMAINES NATIONAUX.

COTES NATIONALES DES ANNÉES 5, 6 ET 7.

La loi du 27 pluviose an 9 porte, article 3, que les sommes qui resteront dues sur le principal de la contribution foncière des biens nationaux, pour les années 5, 6 et 7, seront indistinctement acquittées en certificats de possession, et les centimes additionnels seulement en numéraire ?

L'administration, par sa circulaire numéro 1971, explique que la subvention de guerre établie par la loi du 27 brumaire an 8, doit continuer d'être payée en numéraire.

Par autre circulaire numéro 1990, l'administration prescrit d'acquitter en numéraire les centimes additionnels et la *subvention de guerre*.

Les lois citées et les instructions qui en sont la suite laissent à décider si les deux subventions de guerre établies par les lois des 6 prairial an

7 et 27 brumaire an 8 , doivent être acquittées en numéraire.

Pour résoudre cette difficulté, il faut se reporter aux intentions du législateur, manifestées par la loi du 27 pluviose an 9, ci-dessus citée et connaître l'ordre de comptabilité Le gouvernement ne peut payer en certificats de possession , que ce qui entre au trésor public; or, le principal de la contribution et la subvention de guerre établie par la loi du 6 prairial an 7 , n'ayant aucune destination particulière , peuvent être acquittés en certificats de possession ; mais les centimes additionnels affectés au paiement des dépenses municipales et départementales, etc. , ainsi que la subvention de guerre établie par la loi du 27 brumaire an 8, et qui est déléguée à dix négocians réunis , sont payables en numéraire.

C'est dans ce sens que l'administration a répondu aux questions qui lui ont été proposées sur ce sujet.

A R T. 946.

Les grosses réparations des domaines nationaux affectés à un service public , doivent-elles être payées sur la caisse des domaines ?

Le ministre des finances , consulté sur cette

question, relativement à un domaine affecté à l'établissement d'une école de navigation, a fait, le 22 fructidor an 9, la réponse suivante :

« Les grossses réparations sont une charge du
» propriétaire, lorsqu'il retire des loyers ; mais
» lorsqu'il s'agit d'une jouissance purement gra-
» tuite, il est de principe que c'est à celui, au pro-
» fit duquel tourne cette jouissance gratuite, à
» acquitter les charges de la chose, dont il jouit.
» Or, la maison en question est mise à la dis-
» position du service de la marine, sans qu'il
» en soit payé de loyers ; les dépenses de répa-
» rations de toute nature à faire à cette maison,
» doivent donc comme celles de de l'établisse-
» ment, être acquittées sur les fond saffectés à
» ce service, et ne peuvent être mises à la
» charge du domaine »

A R T.   947.

LOIS ET ACTES DU GOUVERNEMENT.

Arrêté qui annulle un jugement rendu par le ci-devant tribunal civil du département du Nord, sur un objet de la compétence de l'autorité adminis-trative ?

Du 27 fructidor an 9.

Les consuls de la république, vu l'arrêté du préfet du département du Nord, du 24 thermidor an 9, por-

tant qu'en conformité de l'article 27 de la loi du 21 fructidor an 3, il déclare élever conflit entre les autorités
administratives et judiciaires, pour raison du jugement
rendu, le 5 messidor an 8, par le tribunal civil du
département du Nord, séant à Douai; lequel jugement
faisant droit sur l'opposition des héritiers *Philippe-
Eloi Top*, revoque la contrainte decernée par le
directeur des domaines à Douai, contre le nommé
Valbron, sauf à la régie à suivre les droits de la République, comme représentant *Marie Top*, dans la succession de son père.

Considérant que la contrainte décernée par le préposé
de la régie avait pour objet le paiement de fermage de
biens appartenant à l'ascendant d'un prévenu d'émigration et frappés du sequestre national; que la connaissance de toutes les difficultés qui peuvent survenir au
sujet de ce sequestre, est attribuée par les lois aux
corps administratifs, et qu'ainsi le tribunal civil de
Douai ne pouvait pas s'arroger la connaissance de l'opposition à une contrainte qui n'était que l'effet et la
conséquence du même sequestre;

Qu'il est très-faux que la constitution de l'an 8 ait,
comme ce tribunal l'a avancé, aboli les lois relatives
aux biens des ascendans d'émigrés; et que ces lois
subsistent encore dans toute leur force;

Le conseil d'état entendu, arrêtent:

ARTICLE PREMIER.

Le jugement du 5 messidor an 8 est considéré comme non-avenu; sauf à *Pierre-Augustin Valbron*, et
aux héritiers *Top*, à se pourvoir, s'ils s'y croient fondés,
devant l'autorité administrative, contre la contrainte
du 17 prairial an 8.

I I.

Le ministre des finances est chargé de l'exécution du
présent arrêté, qui sera inséré au Bulletin des lois.

Le premier Consul, *signé*, BONAPARTE.

Par le premier Consul,

Le secrétaire d'état, *signé*, H. B. MARET.

Le ministre de la justice, *signé* ABRIAL.

ENREGISTREMENT.

NOTICE DES CIRCULAIRES.

Circulaire du 14 vendémiaire an 10 , n°. 2048 . contenant l'arrêté des Consuls , (*Il est imprimé art. 928 des Inst. Déc*) relatif à l'uniforme des administrateurs , directeurs , inspecteurs, vérificateurs et receveurs de l'enregistrement et du domaine national.

Autre du 15 dudit . n°. 2049. Envoi à faire dans *la seconde quinzaine de brumaire* , d'un bordereau général des recettes et dépenses de l'an 9 . pour faire liquider et arrêter les remises de cette année , et *tout de suite* de l'état du service effectif en l'an 9 , de chacun des Employés prenant part à la remise générale.

Autre du 16 dudit , n°. 2050. Il n'est dû qu'un droit sur les exploits d'assignation contenant nomination d'avoués ; mais il en est dû deux sur les citations devant les tribunaux de paix et de police , près desquels il n'y a pas d'avoués en titre , lorsque par ces citations on nommera un défenseur officieux. (A noter en marge de la Circulaire n°. 1271.)

Autre du 17 dudit , n° 2051. Le papier timbré nécessaire pour la formation *des Tables décennales* . doit être fourni à crédit aux Communes qui ne pourront le payer comptant. Ordre de faire approvisionner suffisamment les bureaux de distribution.

Autre du 18 dudit , n°. 2052. Nouvelle *organisation* de l'administration de l'enregistrement et du domaine , d'après l'arrêté des Consuls , du troisième jour complémentaire an 9. (*Il est imprimé art 928 des Instruc. Décad.*) Division du travail par localités et par matières. Nouvel ordre dans la correspondance. Chaque lettre sera timbrée du n°. de la division qu'elle concernera , et les adresses seront dans la forme suivante : *A l'Administration de l'Enregistrement et du Domaine* , (le numéro de la Division) *Division , à Paris.*

ART. 948.
ENREGISTREMENT.
SUCCESSION.

Une succession ouverte en prairial an 6 , se composait de rentes sur particuliers. La déclaration n'en a point été faite. Quel droit peut-on exiger aujourd'hui ?

On a prétendu que dans l'espèce , aucun droit n'était exigible , et pour l'établir , on a dit : la loi du 22 frimaire an 7 , est la première qui ait exigé une déclaration des biens mobiliers L'article premier de la loi du 27 ventose an 9 , veut , en abrogeant la disposition de l'article 73 de celle du 22 frimaire an 7 , que les droits d'enregistrement soient liquidés et perçus suivant les fixations établies par la loi du 22 frimaire an 7 et celles postérieures , quelle que soit la date ou l'époque des actes et mutations à enregistrer. Cette disposition ne s'applique point aux dispositions réglementaires. Elle ne peut entraîner l'assujettissement à un droit qui n'existait point à l'époque de la transmission par décès. Ainsi , on ne peut exiger le droit de déclaration de meubles échus dans une succession ouverte avant la publication de la loi du 22 frimaire an 7 , par la raison que ce droit perçu dans les inventaires n'était point exigible avant la loi.

Ce raisonnement est spécieux , mais n'est pas exact. A l'époque du décès , les rentes étaient immeubles fictifs , et cette nature de biens devait , lors de transmission par décès , la moitié des droits de déclaration fixée pour les immeubles réels. Il y a donc lieu à déclaration , donc le droit d'enregistrement est exigible. Mais quelle en est la quotité? La loi du 27 ventose an 9 veut que les perceptions soient réglées par la loi du 22 frimaire an 7. C'est donc d'après cette loi que doit être liquidé le droit. Elle tarife les rentes comme les meubles. Il ne saurait donc y avoir de difficultés , le droit est dû à raison de deux francs par cent.

A R T. 949.

A C T E S   J U D I C I A I R E S.

Un jugement par défaut condamne Antoine à passer contrat d'un immeuble que Guillaume prétend lui avoir été vendu , moyennant 17,000 francs , par convention verbale , si mieux n'aime , Antoine, payer une indemnité de 1,000 fr.

Le nombre 9 , paragr. 2 de l'article 69 de la loi du 22 frimaire an 7 , règle à 50 centimes par 100 francs le droit d'enregistrement des condamnations de sommes prononcées par jugement.

Il y a exception pour les dommages-intérêts dont le droit proportionnel est fixé à deux pour cent.

Cet article ajoute : lorsqu'une condamnation sera rendue sur une demande non établie par un titre enregistré et susceptible de l'être , le droit auquel l'objet de la demande aurait donné lieu s'il avait été convenu par acte public , sera perçu indépendamment du droit dû pour l'acte ou le jugement qui aura prononcé la condamnation.

Dans l'espèce proposée, quelle est la nature du titre non enregistré? Est-ce une vente? On est fondé, d'après la demande même de Guillaume, à soutenir le contraire ; ses conclusions lui ont été adjugées, sans contradicteur, dans tout leur entier. Elles tendaient à faire passer contrat de vente ou à lui payer une somme de 1,000 francs à titre d'indemnité; il a donc reconnu que la vente n'était pas parfaite, que la transmission n'était pas opérée, et conséquemment, que la convention n'était pas une vente avec promesse de passer contrat, mais une simple promesse de vendre, réductible à défaut d'exécution en de simples dommages et intérêts. Il serait hors de tout principe d'étendre plus que l'a fait Guillaume l'objet de sa demande : on ne peut donc reconnaître dans son titre qu'une *simple promesse de vendre*, seulement susceptible du droit fixe d'un franc. A l'appui de ces motifs, l'on peut invoquer les lois mêmes sur l'enregistrement; elles n'autorisent la perception du droit de quatre pour cent, que pour *la transmission*. Il faut qu'elle soit prouvée pour la demande et le recouvrement des droits ; ces lois se servent du mot de *possesseurs* ; rien dans l'espêce ne prouve que Guillaume fût en possession , et d'après lui , l'objet de sa demande ne pouvait tendre à l'obtenir irrévocablement que du consentement du propriétaire , puisqu'il se restreint en de simples dommages-intérêts , au choix de ce propriétaire.

Quant au droit du jugement (comme il porte condamnation à passer contrat ou à payer la somme de 1,000 francs à titre d'indemnité , c'est-à-dire, à titre de dommages-intérêts, pour défaut d'exécution de la convention verbale) il doit être liquidé sur le pied de deux pour cent aux termes de l'article 11 de la loi du 27 ventose an 9.

A R T.   950.

PRÉSENTATIONS ,   DÉFAUTS ET CONGÉS.

Quel est le mode à suivre pour la rentrée des droits de présentations , défauts et congés antérieurs à la loi du 27 ventose an 9 , non encore soumis à la formalité ?

On a long-tems agité la question de savoir si les actes de présentations, défauts et congé devaient être enregistrés sur la minute ou sur l'expédition. Plusieurs tribunaux ont élevé des doutes même sur leur assujettissement à la formalité.

Toutes ces difficultés ont été résolues par la loi du 27 ventose an 9 , qui porte , art. 16 , que les présentations, défauts et congés, faute de comparoir , doivent être enregistrés sur les minutes dans le délai de vingt jours , à peine du double droit.

Mais on demande , aujourd'hui , si on peut exiger les droits et doubles droits pour les actes de cette nature antérieurs à la loi du 27 ventose, et si c'est contre les parties ou contre les greffiers que l'on doit les répéter.

Il serait rigoureux d'exiger le double droit , d'après le doute où l'on était de savoir si ces actes devaient être enregistrés sur la minute ou sur les expéditions.

Mais il est certain que les greffiers n'ont jamais pu donner des expéditions de ces actes sans les faire enregistrer.

Il faut donc répéter contre eux le droit simple d'enregistrement de ceux de ces actes dont ils ont délivré des expéditions.

Quant à ceux dont il n'a point été délivré d'expéditions , le droit doit être abandonné.

(Décision de l'administration du 5 ventose an 10.)

A R T. 951.

La nomination faite dans un inventaire d'un expert pour priser les meubles et effets qui y sont rapportés, donne-t-elle lieu à un droit d'enregistremeat particulier ?

Les notaires font eux-mêmes ordinairement l'estimation des objets qu'ils inventorient, mais il arrive quelquefois que les parties prenantes appelent un expert. On a prétendu que dans ce cas, il était dû un droit particulier pour la nomination de cet expert.

C'est une erreur. En effet, lorsque le notaire n'est point chargé d'estimer le mobilier d'un inventaire, il est indispensable d'appeler un expert. Cette nomination faite dans l'inventaire, ne fait avec lui qu'un seul et même acte. Elle est une disposition dérivant nécessairement de l'inventaire lui-même. Elle ne donne point cuverture à un droit particulier.

(Décision de l'administration du 2 fructidor an 9.)

Cette décision confirme l'opinion que nous avons émise au mot *Prisée*, p. 444 de notre dictionnaire de l'enregistrement.

ART. 952.

RÉSERVE DE JOUISSANCE EN FAVEUR DE L'ÉPOUX SURVIVANT.

Deux époux vendent un immeuble provenant de leur communauté, moyennant une rente viagère sur leur tête et au survivant sans réduction. Cette stipulation donne-t-elle ouverture au droit fixe de 3 fr., réglé par l'art. 68, §. 3, nomb. 5 de la loi du 22 frimaire an 7 ?

Pour prouver que ce droit n'est pas exigible, on observe que la réserve faite entre le survivant des époux est une clause insolite qui ne peut produire aucun effet ; pour être valable, elle aurait dû être stipulée par testament ou contrat de mariage, ou suivant quelques coutumes, par don mutuel permis entre époux, mais dans des termes qui ne se rencontrent point dans la vente en question. La loi du 17 nivose an 2 n'a point abrogé cet usage, et on peut soutenir que la clause insérée dans cet acte ne lie point les héritiers du prémourant : or, si cette clause ne produit aucun effet, elle ne doit point être passible du droit d'enregistrement.

Il ne nous paraît pas démontré que la réserve insérée dans le contrat de vente ne doive produire aucun effet ; nous pensons , au contraire que , d'après la faculté donnée aux époux par l'art. 14 de la loi du 17 nivose an 2 , elle doit recevoir son exécution. Cet article s'exprime ainsi ; « A l'égard de tous autres avantages qui » pourront avoir lieu à l'avenir , soit qu'ils ré- » sultent des dispositions matrimoniales , soit » qu'ils proviennent d'institutions , dons entre- » vifs ou legs faits par un mari à sa femme , ou » par une femme à un mari, ils obtiendront » leur effet. » Il semble donc que la clause n'est point insolite , mais le receveur n'a point à examiner si une disposition est ou non valide, il suffit qu'elle soit clairement exprimée pour lui appliquer la perception indiquée par la loi , le principe que les droits s'établissent non sur les termes d'un acte , mais sur ses effets , ne peut s'appliquer toutes les fois que le sens d'une disposition n'est point équivoque; nous pensons donc qu'il est dû , indépendamment des droits de la vente , un droit particulier de 3 francs fixe pour la réserve faite entre les deux époux en cas de survie , sans préjudice du droit pro- portionnel à l'événement.

ART. 953.

Un jugement par défaut est rendu en matière d'enregistrement , le délai de huitaine , à compter du jour de la signification pour y former opposition , est-il de rigueur pour l'administration ?

L'article 3 du titre 35 de l'ordonnance de 1667 , permet de se pourvoir par simple requête contre les arrêts et jugemens en dernier ressort , qui auraient été rendus faute de se présenter , ou faute de plaider , pourvu que la requête soit donnée dans la huitaine du jour de la signification à *personne* ou *domicile* de ceux qui sont condamnés.

On avait pensé que cet article ne pouvait être opposé à l'administration, et en effet , plusieurs motifs étayaient cette opinion.

D'abord les dispositions de cet article ne paraissent concerner que les jugemens rendus en dernier ressort et sur appel : dans ce cas , les parties ont fourni leurs moyens en première instance ; et si elles gardent le silence sur le jugement qui a suivi leur appel , du moins leurs défenses ont été connues , et la loi ordonne aux juges d'appel d'y avoir égard. Dans les affaires qui concernent l'enregistrement , au con-

traire, quoique le jugement soit rendu en dernier ressort, l'instruction s'en fait en première
instance, sur mémoires communiqués ; elles
ne peuvent être jugées qu'elles ne soient instruites ; si l'une des parties obtient un jugement
par défaut, l'autre se trouve condamnée avant
d'avoir été entendue.

Mais aucune loi n'a dérogé pour les affaires
de l'administration, à la loi générale qui ferme
la voie de l'opposition aux jugemens par défaut
après la huitaine, depuis la signification du
jugement, à personne ou domicile. Ce délai est
donc de rigueur. Cette opinion est dans les principes du tribunal de cassation.

ART. 954.
AMENDES.

*Dans quel bureau doit être faite la recette
des amendes prononcées en police correctionnelle, et augmentées par les tribunaux criminels sur l'appel ?*

Le recouvrement des amendes de condamnation et autres peines pécuniaires, doit, d'après
l'article 7 de l'arrêté du 4 brumaire an 4, pris
en exécution du décret du même jour, être
fait par les receveurs près le tribunal où *les jugemens auront été rendus.*

Ainsi celles prononcées par un jugement en matière de police correctionnelle, doivent être recouvrées par le receveur près le tribunal de première instance ; ce tribunal statuant sur les affaires de cette nature, ce principe est constant, et il reçoit son exécution toutes les fois qu'il n'y a pas d'appel du jugement, ou que sur l'appel, le jugement est *confirmé*, attendu que dans ces deux cas, le premier jugement est réellement le titre exécutoire.

Mais lorsque sur l'appel porté au tribunal criminel, le jugement du tribunal de première instance, est modifié, que l'amende est augmentée ou diminuée, alors ce premier jugement ne faisant plus le titre en vertu duquel les poursuites doivent être dirigées, et l'action ne résultant que du jugement du tribunal criminel, nous pensons que l'amende doit être recouvrée dans ces circonstances, par le receveur près le tribunal criminel.

D'ailleurs, il est avantageux pour l'administration que la recette de l'amende soit faite dans le bureau, près le tribunal criminel, au greffe duquel est déposé le jugement sur l'appel, qui a augmenté l'amende : les vérifications à faire par les employés supérieurs en sont plus faciles, plus certaines, et les recouvrements plus prompts.

ART. 955.

TRIBUNAL DE CASSATION.

Jugement qui annulle , sur la demande du commis-
saire du Gouvernement près les tribunaux civils
et criminels du département de la Gironde , con-
tre les citoyens Séjourné et autres , notaires pu-
blics à Bordeaux , huit jugemens du tribunal
civil du département de la Gironde , pour con-
travention à l'article 37 de la loi du 1er. bru-
maire an 7.

Du 7 ventose an 8 de la République française.

NOTICE ET MOTIFS.

Le commissaire du Gouvernement près le tribunal civil du département de la Gironde avait fait citer devant
ce tribunal les citoyens Séjourné et autres , notaires publics à Bordeaux , pour les faire condamner en 500 fr.
d'amende , pour n'avoir pas relaté , en tête de divers
actes par eux passés en leur qualité de notaires , leur patente , conformément à l'art. 37 de la loi du premier
brumaire an 7.

Le tribunal avait pensé que cet article ne s'appliquait
pas au cas reproché à ces notaires , mais seulement à
celui où les notaires ne font pas mention dans leurs
actes de la patente des parties qui y sont sujettes , lorsqu'il s'agit d'objets relatifs à leur commerce , ou à leur
profession , ou à leur industrie; en conséquence , il
avait renvoyé le citoyen Séjourné et autres , de la de-

mande formée contre eux, à fin de condamnation à l'amende de 500 francs.

Sur le pourvoi en cassation de la part du commissaire du Gouvernement, par le motif que l'article 37 de la loi du 1er. brumaire an 7 prononce formellement que nulle personne sujette à la patente ne peut faire aucun acte pour tout ce qui est relatif à sa profession, sans faire mention de sa patente, à peine de 500 fr. d'amende; que les notaires sont assujettis au droit de patente, et que les actes qu'ils passent en cette qualité sont relatifs à leur profession; d'où il suit que les jugemens du 28 pluviose an 7, qui déchargent en ce cas les notaires de l'amende de 500 francs, étaient en contravention avec ledit article 37 de la loi du 1er. brumaire an 7; le tribunal a rendu le jugement dont la teneur suit :

Oui le rapport du citoyen Bossis, l'un des juges, et les conclusions du citoyen Jourde, substitut du commissaire du Gouvernement ;

Vu l'article 37 de la loi du 1er. brumaire an 7;

Et attendu que cet article prononce formellement que nulle personne sujette à la patente ne peut faire aucun acte, pour tout ce qui serait relatif à sa profession, sans faire mention de sa patente, à peine de 500 francs d'amende; que les notaires sont assujettis au droit de patente, et que les actes qu'ils font en cette qualité sont relatifs à leur profession ; d'où il suit que les jugemens du 28 pluviose an 7, qui déchargent en ce cas divers notaires de l'amende de 500 francs, sont en contravention à l'article 37 de la loi du 1er. brumaire an 7 ;

Par ces motifs, le tribunal donne défaut contre les citoyens Collignon, Gui, Barberie, Ancere, Brun, Darrieu jeune et Duprat, non-comparant ; et pour le profit, casse les jugemens rendus par le tribunal civil du département de la Gironde, le 28 pluviôse an 7;

Renvoie les parties à se pourvoir pardevant les juges qui doivent en connaître.

Condamne les défaillans, ainsi que le cit. Séjourné, aux frais et déboursés, liquidés a 110 fr. en ce non-compris le coût de l'expédition et les frais de la signification du présent jugement.

Ordonne qu'à la diligence du commissaire du Gouvernement, le présent jugement sera imprimé, et transcrit sur les registres du tribunal civil du département de la Gironde, en marge du jugement annullé.

Fait et prononcé, etc. Section civile.

(Extrait du Bulletin des jugemens du tribunal de Cassation, n°. 5.)

NOTICE DES CIRCULAIRES.

Circulaire du 22 vendémiaire, n°. 2053. — Paiement des agens-forestiers de tous grades dans la forme ordinaire. Retenue du centième sur les traitemens. Elle commence du jour de la nomination pour les conservateurs, de la date de la prestation de serment pour les inspecteurs, sous-inspecteurs et gardes généraux; et du premier vendémiaire pour les simples gardes, et même pour les gardes-généraux qui n'auront pas reçu leurs commissions avant le premier vendémiaire. Le montant de cette retenue doit être envoyé à un préposé de l'administration forestière, et l'état des traitemens pour les deux derniers trimestres doit être adressé , tant à ladite administration forestière, qu'à celle des domaines.

Circulaire du 24 vendémiaire , n°. 2054. — Cahiers des charges de l'adjudication des coupes de bois de l'an 10.

Circulaire du 25 vendémiaire , n°. 2055. — Mode de régulariser les avances faites par les receveurs, des indemnités accordées aux jurys chargés de la répartition de l'emprunt de cent millions. Conversion des mandats delivrés à ces jurys , en rescriptions du trésor public.

Circulaire du 18 vendémiaire , n°. 2056. — Arrêté des Consuls qui interdit la réunion des Sociétés Théophilantropiques dans les édifices nationaux.

Circulaire du 27 vendémiaire , n°. 2057. — Les obligations des acquéreurs de domaines nationaux dépossédés , qui devaient être versées pour comptant aux caisses des receveurs particuliers de la trésorerie , étant des valeurs mortes , ne doivent plus figurer que comme des acquits dans la dépense des receveurs , et seront données comme telles sans retenue de remises aux inspecteurs qui en compteront.

ART. 956.

ENREGISTREMENT.

Est-ce la cote à la contribution foncière ; ou la somme exigible et énoncée dans le commandement, qui sert à déterminer si l'exploit qui le contient est soumis à l'enregistrement gratis *, ou si le droit doit être acquitté en même-tems que la formalité est donnée ?*

Pour assurer le recouvrement des contributions directes, le percepteur est souvent obligé de faire faire un commandement aux redevables. Il réclame alors ou le paiement de la cotte principale, ou ce qui en reste dû, lorsqu'il a été donné des à-comptes. De-là naît la difficulté que l'on vient de proposer.

La loi du 22 frimaire an 7, nombre 30, paragr. premier, art. 68, soumet à l'enregistrement et au paiement du droit, les exploits, significations et tous autres actes extrajudiciaires faits pour le recouvrement des contributions directes, mais seulement lorsque la somme principale excède 25 francs.

Suivant le nombre 2, paragr. 2 de l'art. 70 de la même loi, ces exploits doivent être enregistrés *gratis*, lorsqu'il s'agit des cottes de 25 fr. et au-dessous, ou de droits et créances non excédant en total la somme de 25 francs.

D'après ces dispositions, le ministre des finances a décidé, le 28 vendémiaire dernier, que ce n'est point le montant de la cotte en principal, mais celui de la somme exigible et énoncée dans l'exploit qui devait déterminer la liquidation du droit à percevoir ou l'enregistrement *gratis*. Un exemple facilitera l'application de cette décision. La cotte d'un particulier est de 125 francs. Le commandement doit être enregistré, en payant le droit ; mais si par le commandement, on ne répète que 25 francs ou une somme moindre, déduction faite des à-comptes, dans ce cas, cet exploit doit être enregistré *gratis*.

ART. 957.

ACTES DE L'ÉTAT CIVIL.

Les reconnaissances d'enfans par leur père ou mère, sont-elles sujettes au droit d'enregistrement ?

D'un côté, l'on a dit que tous les actes de l'état civil assujettis à l'enregistrement étaient, à l'exception de ceux de divorce, soumis au droit de 2 francs, que les actes de l'espèce devaient conséquemment acquitter ce droit, n'étant point déclarés exempts par la loi.

Suivant une autre opinion, on a voulu assimiler ces actes aux adoptions, et les assujettir au droit fixe d'un franc, conformément au nombre 9, §. 1ᵉʳ. de l'art. 68 de la loi du 22 frimaire an 7.

Nous pensons que, dans l'un et l'autre cas, l'on s'écarte des principes. En effet, les actes de naissance sont formellement déclarés exempts par le §. 3, n°. 8, de l'art 70. Pour constituer un acte de naissance parfait, il faut qu'il constate non-seulement le jour de la naissance, mais pour donner à l'enfant un état civil, qu'il indique les noms de ses père et mère. Lorsque l'enfant a été présenté comme né de père ou mère absent ou inconnu, l'acte de naissance demeure incomplet, la reconnaissance par le père ou la mère que cet enfant est le sien, forme le complément ou plutôt une partie intégrante de l'acte de naissance. Les deux actes n'en font plus qu'un ; ils établissent ensemble l'état de l'enfant ; d'où il suit que la reconnaissance participe à l'exemption de l'enregistrement prononcé pour l'acte de naissance.

Cependant, si une semblable reconnaissance était passée devant notaire, il serait dû le droit fixe d'un franc, parce que tous les actes des notaires, qui ne sont pas nommément exceptés par la loi, sont soumis à la formalité et au droit d'enregistrement.

A R T. 958.

DÉCLARATIONS DE SUCCESSIONS.

Dans les cas d'insuffisance dans les déclarations , les héritiers doivent-ils être assignés devant les tribunaux , par les receveurs , ou ceux-ci doivent-ils seulement décerner une contrainte ?

Il arrive souvent que les procès-verbaux qui constatent des insuffisances dans les déclarations , sont signifiés aux héritiers contrevenans avec assignation à comparaître devant le tribunal d'arrondissement, pour se voir condamner à payer le simple et double droit.

C'est une marche contraire aux dispositions de la loi.

L'article 64 de la loi du 22 frimaire , porte, que le premier acte de poursuites pour le recouvrement des droits d'enregistrement et le paiement des peines et amendes , sera une contrainte décernée par le préposé de la Régie, visée par le juge-de-paix du canton , et ensuite signifiée. L'exécution de la contrainte ne pourra être interrompue que par une opposition for-

— mée par le redevable , et motivée avec assignation à jour fixe devant le tribunal civil du département.

Or, le double droit dû pour omissions ou insuffisances dans les déclarations , est une peine
prononcée par l'article 39 de la loi , il est donc
certain que dans le cas dont il s'agit , les receveurs doivent seulement décerner contrainte
au pied de leur procès-verbal , qni n'est alors
qu'une espèce de rapport non sujet à affirmation. Ce n'est pas à eux à citer les redevables
devant les tribunaux , et il ne doit s'introduire
d'instance dans l'espèce, que lorsque les parties
forment opposition à la contrainte , avec cita-
tion devant le tribunal.

(Décision de l'Administration , du 26 vendémiaire an 10.)

A R T. 959.

Rapport d'experts contenant partage au-
quel les parties acquiescent , doit-il être
assujéti à deux droits d'enregistrement ,
savoir , un particulier pour le partage ,
et un second pour le rapport de l'ex-
pert , qui a servi de base au partage ?

Les uns ont pensé qu'il n'était dû qu'un
seul droit , ils ont dit : l'expert remplit , dans
le cas dont il s'agit , les fonctions de no-

taire , et son rapport, sous ce poiñt de vue , n'est passible que du droit fixe de 3 francs , comme partage.

Les autres ont incliné pour la double perception ; leur motif est que l'acte contient deux dispositions bien distinctes : et en effet, peut-on considérer un expert qui agit en cette qualité , comme remplissant les fonctions d'un notaire : celles des experts se bornent uniquement à donner acte aux parties de leurs conventions ; l'acquiescement donné au partage par les parties , est absolument étranger à l'expert ; ainsi cette convention est passible d'un droit particulier.

L'affirmative pour la double perception ne nous paraît pas douteuse ; pour qu'il n'y eût lieu qu'à une perception unique , il faudrait que le procès-verbal ne contînt que le simple rapport de l'expert, soit pour faciliter ensuite les arrangemens des parties , ou pour mettre les juges en état de prononcer sur leurs contestations , mais dans l'hypothèse, l'expert , au lieu de se borner à connaître l'état des choses ou à les évaluer distinctement, a fait un partage *qui a été agréé des parties* , ce n'est donc plus ici un simple procès - verbal dont les droits doivent être perçus relativement à la nature et à l'objet de l'acte.

ART. 960.

CONTRAT DE MARIAGE.

Un contrat de mariage a été passé à Francfort, il porte exclusion de communauté. Ce contrat et la coutume peuvent-ils avoir leur exécution sur des biens situés et possédés en France ?

En général, la propriété des biens immeubles est réglée par la coutume du lieu où ils sont situés.

Quant aux meubles, on suit la coutume du domicile de celui à qui ils appartiennent.

Mais au cas particulier où l'on annonce qu'il existe un contrat de mariage, ce contrat doit servir de règle après l'avoir fait reconnaître judiciairement en France ou par un acte notarié, attendu que la coutume ne fait, lorsqu'il s'agit de conventions matrimoniales, que suppléer au silence des parties, et qu'elle se tait lorsqu'elles ont manifesté leurs intentions.

ART. 961.

Un receveur est volé, il est constitué en débet. La contrainte décernée contre lui peut-elle être annullée par un tribunal? Cette affaire est-elle de nature à être jugée en premier et dernier ressort?

Jugement du tribunal d'appel seant à . . . . contre le receveur de . . . .

Le receveur de. . . . . . . poursuivi en paiement du débet constaté dans sa caisse par suite du vol qu'il avait éprouvé, avait formé opposition à la contrainte contre lui décernée. Sur la signification de cette opposition, le directeur de l'administration avait demandé la nullité de l'opposition, attendu la validité de la contrainte, et pour éclairer la religion du tribunal, avait mis en même tems sous ses yeux les preuves d'irrégularités commises par le défendeur dans sa comptabilité, et d'inexactitudes dans ses versemens; mais sans égard aux moyens, à la forme et au fond, le tribunal de. . . . . . avait, par jugement en premier ressort, et sauf l'appel, déchargé le receveur de la contrainte.

Les motifs de ce jugement étaient, quant à la forme:

1°. Que dès l'origine de la contestation la cause avait été portée à l'audience; que la régie avait comparu et fourni un premier mémoire de défense, qu'ainsi elle n'avait pu demander ultérieurement que la cause fût jugée comme celles relatives au recouvrement des contributions directes; que d'ailleurs l'affaire n'avait aucun des caractères de celles désignées dans l'article 2 du titre 3 de la loi du 24 août 1790.

2°. Qu'un receveur, dépositaire de deniers publics,

n'en est plus responsable , lorsqu'ils lui ont été enlevés par force majeure ; qu'il n'est vis-à-vis de la république qu'un simple particulier, contre lequel elle n'a plus que l'action ordinaire , et qu'ainsi les dispositions du titre 9 de la loi du 22 frimaire an 7, étaient sans application.

Quant au fond :

1°. Que le vol avait été suffisamment constaté, et qu'il n'avait pas dépendu du receveur de l'éviter ;

2°. Que l'erreur ne pouvant être imputée à crime , l'administration n'avait pu se faire un titre d'erreurs de comptabilité ;

3°. Qu'il en était de même des retards de versement, parce qu'ils n'entraînaient que la destitution du comptable , et non sa responsabilité.

Ces motifs étaient évidemment contraires aux lois.

En effet d'après la loi du 28 pluviose an 8 et autres, qui établissent la compétence respective des tribunaux et des corps administratifs , l'action en recouvrement de débet, n'est judiciaire qu'à la forme , au fond elle ne peut être suspendue que par décision administrative.

Le débet doit être constaté par un procès - verbal , rédigé par un employé assermenté , et affirmé dans les vingt-quatre heures, à défaut de reconnaissance du comptable. Ces formalités ont-elles été remplies ? tel est le seul fait à examiner par le tribunal. Toute discussion ultérieure est hors de sa compétence. La constitution interdit aux tribunaux de s'immiscer dans la connaissance des discussions administratives , et il est de principe que la poursuite des débets d'un comptable appartient essentiellement à son administration.

Mais dans l'espèce , le débet provenait d'un vol. D'abord aucune loi n'autorise l'allocation des sommes volées à un comptable; et en existât-t-il , ce serait au ministre des finances à autoriser la remise.

La loi du 7 septembre 1790, que confirme l'article 65 de celle du 22 frimaire an 7 , veut que les contestations relatives à la perception des impôts indirects, soient jugées en premier et dernier ressort; le tribunal ne pouvait donc juger autrement , en prononçant sur la validité de la contrainte.

Ces moyens ont été accueillis par jugement du tribunal d'appel de...... du 14 fructidor an 9.

ART. 962.

Les résiliations judiciaires de biens immeubles sont assujettis au droit de 4 pour 100. (Voyez le n°. 82 des Instructions décadaires).

Jugement de cassation du 13 vendémiaire an 10 , rendu sur le rapport du citoyen Pajon , contre le citoyen Boizot.

Nous avons rendu compte dans le n°. 82 de ce journal , du jugement du tribunal de cassation du 21 vendémiaire an 9 , qui a annullé un jugement du 25 prairial an 7 , par lequel le tribunal civil de Seine-et-Oise avait déchargé le citoyen Grandjouan du droit proportionnel de 4 pour 100 qui lui était demandé, à raison d'un jugement par lequel il avait été réintégré dans une propriété, qu'il avait vendue , faute par l'acquéreur d'avoir accompli les conditions de sa vente.

L'affaire jugée nouvellement se présentait sous les mêmes rapports; le citoyen Boizot avait été réintégré par jugement dans la propriété de deux maisons , situées à Paris, rue des Vieilles Tuileries, faute par le cit. Cadet, acquéreur, d'avoir payé le prix.

Un jugement du tribunal de première instance de Paris, du 25 vendémiaire an 9, avait déclaré le jugement de réintégration assujetti seulement au droit fixe de 3 francs.

En se défendant sur la demande en cassation intentée contre lui le cit. Boizot a cherché à écarter le préjugé résultant du jugement du tribunal de cassation du 21 vendémiaire an 9, en observant que dans l'espèce du citoyen Granjouan, l'acquéreur avait effectué le paiement d'une partie du prix, et que dans la sienne, l'acquéreur n'avait pas acquitté la moindre partie du prix stipulé, et il concluait que cette diversité de circonstances devait amener une décision différente.

Il citait à l'appui de cette prétention la jurisprudence du ci-devant conseil, suivant laquelle on déclarait assujettis au paiement du centième denier les jugemens de réintégration, lorsque les acquéreurs étaient entrés en paiement, et on les en déclarait exempts, lorsque l'acquéreur n'avait payé aucune partie du prix.

L'administration de l'enregistrement, en répondant à cette objection, a observé d'un côté qu'il ne fallait pas se prévaloir d'une jurisprudence ancienne, lorsque la loi du 22 frimaire an 7 s'était expliquée clairement sur la difficulté présente.

Et d'un autre côté, elle rapportait des autorités différentes, émanées du même auteur du dictionnaire des domaines, dans lequel on avait puisé les décisions invoquées.

En mettant de côté la jurisprudence ancienne, et en se fixant à la seule loi du 22 frimaire an 7, la question était donc de savoir si le défaut de paiement d'une partie on de la totalité du prix, imprimait à la vente *un vice de nullité radicale.*

Les administrateurs de l'enregistrement ont observé qu'un vice de cette espèce ne pouvait pas plus résulter *du défaut total* que *du défaut partiel* de paiement, et que, comme la loi avait stipulé le d oit fixe de 3 fr. seulement pour les jugemens de résolution pour cause de nullité radicale, il était impossible d'appliquer cette disposition à l'espèce. Dans l'un comme dans l'autre cas, la vente originaire est parfaite et régulière en soi, l'acquéreur peut vendre valablement ; la cause de résolution dérive *d'un fait postérieur*, et ressemble aux autres causes, en vertu desquelles le fond d'un débiteur peut arriver entre les mains d'un créancier.

Ainsi les jugemens de résiliation, tels que ceux rendus dans les affaires des cit. Grandjouan et Boizot, sont de véritables *transmissions judiciaires de propriétés*, prévues par le n°. 1er. du paragraphe 7 de l'article 69 de la loi du 22 frimaire, et en cette qualité assujettis au droit de 4 pour 100.

Le tribunal de cassation l'a ainsi décidé en n'ayant aucun égard à la circonstance dont on se prévalait dans la dernière espèce *du défaut total de paiement.*

ART. 963.

LOIS ET ACTES DU GOUVERNEMENT.

Arrêté relatif à l'administration des biens affectés à la nourriture, à l'entretien et au logement des hospitalières et filles de charité.

Du 27 prairial an 9 de la république, une et indivisible.

Les Consuls de la République, sur le rapport du ministre de l'intérieur ;

Vu les lois des 5 novembre 1790 , 1er. mai 1793, 2 brumaire et 28 germinal de l'an 4 ;

Vu pareillement les lois des 16 vendémiaire et 20 ventose de l'an 5 ;

Le conseil d'état entendu , arrêtent :

ARTICLE PREMIER.

Les biens spécialement affectés à la nourriture, à l'entretien et au logement des hospitalières et des filles de charité attachées aux anciennes corporations, vouées au service des pauvres et des malades , font essentiellement partie des biens destinés aux besoins généraux de ces établissemens : en conséquence et conformément aux lois des 16 vendémiaire et 20 ventose de l'an 5, l'administration en sera rendue aux commissions administratives des hospices et des établissemens de secours à domicile.

II. Sont pareillement compris dans les dispositions qui précèdent les biens affectés à l'acquit des fondations relatives à des services de bienfaisance et de charité, à quelque titre et sous quelque dénomination que ce soit.

III. Les ministres de l'intérieur et des finances sont chargés de l'exécution du présent arrêté, qui sera inséré au Bulletin des lois.

Le premier Consul , *signé*, BONAPARTE.

Par le premier Consul ,

Le secrétaire d'état , *signé* , H. B. MARET.

Le ministre de l'intérieur, *signé*, CHAPTAL.

Arrêté portant établissement au Boulon et à Port-Vendre, de bureaux de sortie des ouvrages d'or et d'argent, fabriqués en France.

Du 9 vendémiaire an 10.

Les Consuls de la République, sur le rapport du ministre des finances, arrêtent :

Art. Ier. Les bureaux du Boulon et du Port-Vendre seront ajoutés à ceux désignés par l'arrêté du directoire du 5 frimaire an 7, pour la sortie des ouvrages d'or et argent, fabriqués en France, avec jouissance de la prime des deux tiers des droits de fabrication.

II. Le ministre des finances est chargé de l'exécution du présent arrêté, qui sera inséré au Bulletin des lois.

Le premier consul, *signé* BONAPARTE.

Par le premier consul,

Le secrétaire d'état, *signé* H. B. MARET.

Le ministre des finances, *signé* GAUDIN.

Arrêté relatif aux formalités nécessaires, pour intenter action contre des communes.

Du 27 vendémiaire an 10.

Les consuls de la république, vu l'édit du mois d'août 1683, qui défend aux créanciers des communes d'intenter contre elles en la personne des maires, échevins, syndics, etc. aucune action, même pour emprunt légitime, qu'après qu'ils en auront obtenu la permission par écrit des intendans et commissaires départis, à peine de nullité de toutes les procédures qui pourraient être faites au préjudice, et des jugemens rendus en conséquence.

Sur le rapport du ministre de l'intérieur, le conseil d'état entendu, arrêtent :

Art. Ier. Les créanciers des communes ne pourront intenter contre elles aucune action , qu'après qu'ils en auront obtenu la permission par écrit du conseil de préfecture , sous les peines portées par l'édit du mois d'août 1683.

II. Les ministres de l'intérieur et des finances sont chargés de l'exécution du présent arrêté , qui sera inséré au Bulletin des lois.

Le premier consul, *signé* BONAPARTE.

Par le premier consul,

Le secrétaire d'état , *signé* H. B. MARET.

Le ministre de l'intérieur , *signé* CHAPTAL.

NOTICE DES INSTRUCTIONS GÉNÉRALES.

La dernière circulaire dans la forme suivie jusqu'à présent, est celle sous le n°. 2057 , dont la notice a été insérée dans le n°. 107 des instructions décadaires.

Les Instructions générales seront désormais transmises *sous ce titre* par lettres du Directeur général , adressées à l'administrateur de chaque division , qui les fera passer aux directeurs dans les départemens.

Ces instructions seront numérotées comme les circulaires, mais sous une nouvelle série de numéros. Celles qui ont paru jusqu'à ce jour sont :

Instruction du 8 brumaire an 10, n°. 1er. (additionnelle à la circ. n°. 2052) : Tout ce qui appartient au travail journalier, *sans aucune exception* est dans l'attribution *de chaque division par département*, à l'égard des employés qui y sont placés, et ceux qui rendent compte directement à l'administration doivent toujours faire leurs envois à l'*administrateur de leur division*. Les seuls cas où les employés puissent avoir des rapports avec les administrateurs, *pour les divisions par matières*, sont ou pour leur répondre, lorsqu'ils leur ont écrit, ou pour leur communiquer des vues, renseignemens ou observations sur les diverses parties dont l'administrateur est chargé. On ne doit rien adresser directement au Directeur général , ni au secrétariat général, à moins que la demande n'en ait été faite.

Autre du même jour, n°. 2. Transmission de l'arrêté des Consuls du 27 vendémiaire an 10 (imprimé ci-dessus n°. 963), relatif aux formalités à exercer avant *d'intenter* des actions contre des communes. La permission devra être demandée au conseil de préfecture, par le directeur du département. La demande ni l'autorisation ne sont pas assujetties au timbre.

Autre du même jour, n°. 3. Les ventes de mobilier militaire, faites en exécution de l'arrêté des Consuls du 9 floréal an 9, ne seront plus soumises à l'enregistrement.

Autre du même jour, n°. 4. Etat à fournir des sommes dues sur les ventes de bois nationaux, ordinaires de l'an 9, pour la valeur de ceux fournis à la marine par les adjudicataires.

Autre du 12 dudit, n°. 5. Suppression du bureau de liquidation et décomptes établi près l'administration centrale de l'enregistrement et des domaines, et nouvelle obligation des directeurs des départemens à ce sujet.

Autre du 14 dudit, n°. 6. Les traites fournies par les adjudicataires pour le paiement du prix des coupes de bois nationaux de l'an 10, doivent être versées directement aux caisses des receveurs généraux de département par les préposés de l'administration.

Autre du même jour, n°. 7. Les poursuites pour le recouvrement des traites des adjudicataires de bois nationaux doivent être faites administrativement.

Autre du même jour, n°. 8. Les dépenses du sénat conservateur, de la direction générale des contributions directes ; celle des bureaux établis près des préfets, pour les domaines nationaux, et celle de l'administration générale de l'enregistrement, ne doivent plus être acquittées par les caisses de l'administration.

Autre du 15 dudit, n°. 9. Distinction à faire dans les bordereaux de versement des produits de droits de patente de l'an 9, et des années antérieures ; relevé de ces versemens pour le mois de vendémiaire an 10.

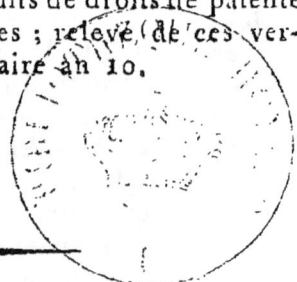

TABLE
ALPHABETIQUE

ET

RAISONNÉE,

Des objets traités dans les Instructions Décadaires sur l'Enregistrement, Droits y réunis et Domaines nationaux :

RÉDIGÉES

Par une Société d'Employés de la Régie de l'Enregistrement et du Domaine national.

N°. 792 à 963.

6e. *VOLUME.*

Du 21 Floréal an 9 au 1er. Frimaire an 10.

F.

F.

FRAIS de justice. Ne sont pas considérés comme tels , ceux d'ameublement des lieux destinés aux séances des tribunaux spéciaux ; ils doivent être acquittées sur les centimes additionnels,

G.

H.

B

I.

J.

L.

M.

N.

O.

P.

PROSPECTUS

C

S.

s'affermer , d'après les lois antérieures au 11 brumaire an 7 ,

T.

Fin de la Table.

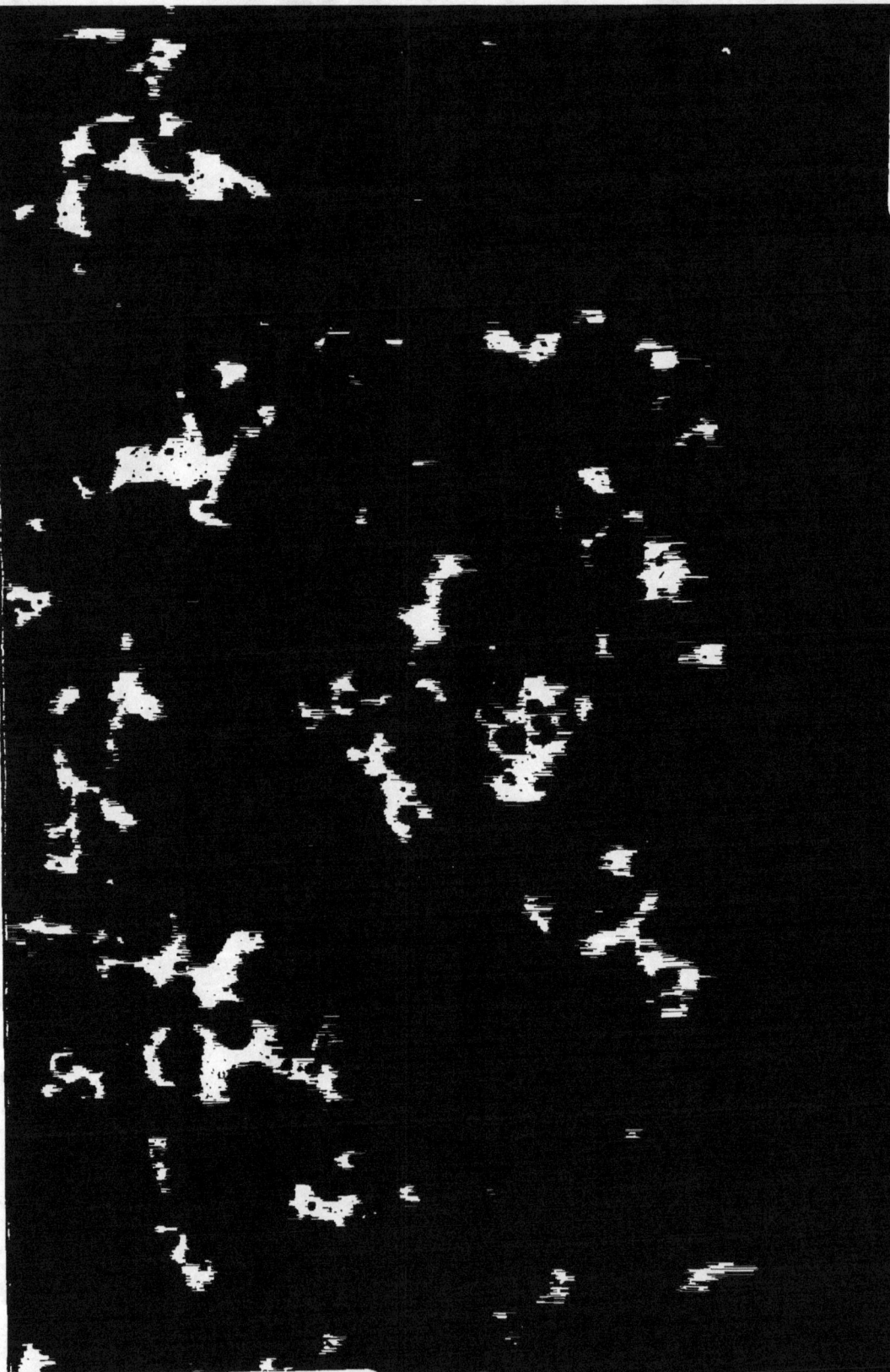

www.ingramcontent.com/pod-product-compliance
Lightning Source LLC
Chambersburg PA
CBHW070232200326
41518CB00010B/1531